LES VOIX
DE NOTRE VIE

JEAN ABITBOL

LES VOIX DE NOTRE VIE

BERNARD GRASSET
PARIS

Photo de couverture :
© Photopress Archiv/Keystore/Bridgeman Images.

ISBN 978-2-246-83102-0

À mes enfants,
À mes petits-enfants,
sur le chemin de la transmission

AVANT-PROPOS

Les voix de notre vie. Mais de quelles voix parle-t-on ? La nôtre ? Les autres ? Mère Nature ? Les voix captivent notre émotion, les mots questionnent notre raison, la musicalité emporte notre imaginaire : sommes-nous sous emprise ? Sous l'effet d'un philtre vocal ?

C'est la traversée que je vous propose, de la voix des hommes à celle de la nature, de celles des fresques de Lascaux à celles du futur. Phoniatre, je prends le pouls de la voix comme un vulcanologue écoute celui de la Terre. Elle nous ancre dans le monde et tisse le fil de la transmission.

Votre voix, vous en êtes l'acteur et le spectateur, le metteur en scène et le créateur. C'est une force, sonore ou silencieuse, qui vous pousse. Votre voix est sous l'influence de vos réflexes, des hormones, de votre nutrition mais également de votre écoute. Ces voix qui nous sont chères et qui ont disparu, celles des autres, celle de l'expérience et de la spiritualité.

Que peut la voix ? Nous protéger, mais de qui ? De nous-même, des autres ? Peut-elle nous influencer, décider à notre place, façonner notre personnalité, inspirer nos enfants qui parfois prennent la musicalité de la voix de la mère ou du père, de nos proches, d'un mentor, de notre environnement, de notre culture ? Ces nombreuses questions se posent à chaque changement d'époque, de mode, de voix. La voix a gouverné l'évolution d'*Homo sapiens* et s'impose à nous depuis que nous sommes deux cellules embryonnaires.

Notre cerveau, siège de notre intelligence réflexive, analyse les voix des autres humains dans un espace et une temporalité donnés. Mais on ne peut ignorer la voix des animaux, les vibrations des plantes et du sol. L'environnement et sa biodiversité ont des choses à nous dire. La Terre se plaint, crie un SOS. Car, sans aucun doute, la planète existera encore pendant plusieurs milliards d'années, avec ou sans l'Homme.

Chaque voix est une goutte d'eau dans l'océan, entre le calme et la tempête : si une goutte bouge, les autres entrent en résonance. Être au monde, c'est participer de la grande cacophonie.

La voix est notre personnalité, entre tumulte et harmonie. Les interactions sont multiples entre notre voix, nos pensées et nos actes. La force de la voix humaine est singulière et surprenante, un mélange de raison et d'émotion. Elle est notre force et notre faiblesse, notre empreinte et notre passion.

INTRODUCTION

« Allô, docteur ? La petite ne va pas bien... » Sa voix était rauque, un frémissement anxieux saccadait les quelques mots qui perçaient à travers le combiné.

Hiver 1979. À cette époque, j'étais interne, pas encore assuré de devenir chef de clinique assistant des hôpitaux de Paris. Pour arrondir mes fins de mois, je remplaçais le docteur Charly Presgurvic, médecin de campagne, tous les week-ends et pendant les vacances. Au volant de ma 204, je sillonnais la Seine-et-Marne. Au départ, pour aller en visite chez les patients, je perdais des heures sur les petites routes, sans carte – et encore moins de GPS. J'ai fini par connaître chaque route, chaque chemin et chaque village.

Nous sommes à un ou deux jours de Noël. La récolte des betteraves à sucre vient de s'achever. Il est environ cinq heures du matin quand le téléphone sonne : « Descendez avec elle près du feu, répondais-je, j'arrive. » J'avais pris l'habitude, avec les gardes de chirurgie, d'être parfaitement réveillé en quelques secondes.

Je mets mon manteau et, alors que je m'apprête à sortir, ma femme m'interpelle : « Tu n'as ni le nom ni l'adresse ! – Pas besoin. »

La voix du père avait suffi. Elle gouvernait mon esprit. Je me souvenais, en l'entendant, que sa fille Élodie, âgée de huit ans, avait déjà fait plusieurs angines. Sans que j'aie besoin d'y réfléchir, cette voix me faisait diagnostiquer la raison de l'appel. Elle me conduisait chez eux, dans une petite ferme à une vingtaine de kilomètres de Provins. En moins de dix mots, j'étais déjà dans le dossier de cette enfant.

La première fois que j'ai porté la sacoche du médecin de campagne, j'avais cette assurance sans bornes propre à ceux qui débutent et ne savent rien de leur ignorance. Le médecin que je remplaçais, qui était également le maire de la commune, avait découvert à son retour que j'avais modifié le traitement de bon nombre de ses patients en quelques jours sans chercher à comprendre le sens de ses prescriptions. Son attitude et ses remarques me firent comprendre que je ne connaissais la médecine qu'à travers les livres, mes soirées d'étude en bibliothèque, les cours à la faculté et les urgences hospitalières. À son contact j'ai appris à écouter, à sentir leurs maux, à récolter des indices dès la première poignée de main. Cette poignée de main qui vous fait percevoir les vibrations du patient, les non-dits de la maladie. Le médecin de campagne est, plus que tous les autres, dans l'intimité de ceux qu'il soigne. Il est dans leur maison, dans leur vie. Le patient se trouvant dans un environnement dans lequel il est à l'aise, la consultation se mélange alors souvent avec la conversation. Bizarrement la pandémie, avec son lot de téléconsultations, agissait comme une sensation de déjà-vu : être dans le salon des gens, avec leur tasse de café ou de thé à portée de main, voir leurs animaux de compagnie, et mieux les comprendre. Ils sont chez eux. La parole est libérée.

C'est parce qu'on me l'a fait remarquer, par une froide nuit de décembre, que je me suis rendu compte de cette capacité de la voix à nous guider. À gouverner nos gestes, notre intellect, notre inconscient. La voix nous apprend tout de l'autre, de son environnement, de sa personnalité. Par ce qu'elle dit et également par ce qu'elle ne dit pas. Elle donne les pièces du puzzle de notre vie. Écouter le patient, quand on est médecin, ce n'est pas seulement décrypter ses mots, comme un automate, mais c'est l'écouter dans sa globalité, au-delà des filtres qui lui font choisir telle phrase plutôt qu'une autre. Les gens viennent souvent nous voir avec une idée préconçue. Les diagnostics maison ont explosé depuis l'avènement d'Internet et des plates-formes. Dans ce cas, les écouter signifie parfois faire le tri de leurs mots sous influence.

La voix dit tout de nous. Pour le médecin (*a fortiori* pour le phoniatre !), elle est le messager essentiel du diagnostic et de l'historique médical. Depuis le siège de ma 204 beige, la voix savait tout de la carte et du territoire.

*

Après mon internat, en devenant chef de clinique oto-rhino-laryngologiste, je ne pouvais plus exercer à la campagne. Cela a été une frustration. En effet, être médecin de campagne, c'est être tout à la fois thérapeute, confident, conseiller du patient, mais pas seulement. C'est traiter l'être tout entier. Là, j'ai appris que l'intuition est essentielle. J'ai adapté cette expérience à ma pratique de spécialiste, qui bien plus qu'un métier est une passion, un art et une science. On venait désormais me voir pour des problèmes beaucoup plus spécifiques. Je me suis par la suite installé en ville (tout en conservant mon poste à l'hôpital). Le contact avec les patients en médecine libérale était et est toujours pour moi indispensable. Il me rapproche de cette médecine de campagne qui m'avait tant appris.

Pierre Lefroid[1] frappa à la porte de mon cabinet au début des années 1990. Je connaissais très bien son père qui avait été chirurgien dans une clinique dans laquelle j'avais exercé ; nous étions restés très proches.

1. Les noms ont été modifiés.

L'examen fut rapide, mon diagnostic sans équivoque : Pierre était atteint d'un cancer des cordes vocales à un stade déjà bien avancé. Je ne pouvais pas opérer la totalité de sa tumeur avec le laser dont je disposais. Une prise en charge complète en cancérologie était nécessaire. Je le confiai donc à un confrère hospitalier que je connaissais bien.

Précision importante : Pierre Lefroid est acteur. Sa voix, c'est son métier, sa vie. En sortant de sa consultation à l'hôpital, il m'appela, en proie à un grand désarroi. Il était assis au bord de la Seine. Sa voix était à peine audible. Mon confrère venait de lui proposer une laryngectomie totale. L'idée de perdre sa voix lui était insupportable. « Mieux vaut perdre ma vie, m'avait-il dit.

— Je t'attends, lui avais-je alors lancé, on peut envisager une autre opération, mais... tu auras la voix de François Mauriac ! » Je dédramatisais la situation. J'essayais d'imiter la voix grave et cassée de l'illustre académicien. Je ne souhaitais pas l'opérer moi-même, du fait des liens que nous entretenions. Un autre médecin s'en chargea et l'opération fut un succès.

Vingt ans plus tard, Pierre m'appela pour m'annoncer qu'il montait bientôt sur les planches : on venait de lui proposer le rôle de François Mauriac.

La voix a vraiment gouverné la suite de la carrière et de la vie de Pierre. S'occuper des personnes avant de s'occuper de leurs pathologies est capital. J'ai appris, avec Pierre, que l'on s'occupe de la voix d'une personne et pas simplement d'un organe. On n'opère pas une image sur un scanner mais un patient. Louis Armstrong aurait pu se faire opérer de la pathologie bénigne dont il souffrait au niveau du larynx mais qui ne le gênait pas. Mais sa voix n'aurait plus été celle de Louis Armstrong. *Oh when the saints go marching in…*

*

Notre voix est notre signature. Il y a huit milliards d'êtres humains et huit milliards de voix différentes, uniques, personnelles. Comme nos empreintes digitales, notre empreinte vocale est l'entrecroisement interminable d'ondes, une combinaison unique de multiples paramètres.

Cette absolue individuation des voix n'empêche pas que certaines d'entre elles puissent marquer profondément notre vie, comme de l'encre séchée sur les pages de notre histoire. Ces voix ont résonné en nous et nous ont guidés, influencés, exaltés parfois. C'est notre voix intérieure, ce sont les voix de nos parents, de nos professeurs, de l'être aimé ou de nos disparus, des personnalités politiques ou des artistes. Les voix, avec leur musicalité propre, sont autant de voies que nous empruntons, consciemment ou inconsciemment.

Qu'elles changent le cours de la grande Histoire ou qu'elles soient simplement déposées au creux de notre oreille, ces voix qui nous gouvernent disent toutes quelque chose de nous.

1.

Voix du monde

La voix humaine reflète, dans sa vibration, notre évolution. Alchimie complexe entre le corps et l'esprit, entre notre pensée, notre expression et notre émotion, elle est le propre de l'Homme. Elle est le langage articulé, elle est à la fois le maître et l'outil de notre imaginaire. La voix, vibration de l'être, impose sa signature.

Mais que se passe-t-il pendant la vie fœtale ? Au commencement, deux cellules se rencontrent. Elles vont former l'embryon. Ce petit être en devenir est immergé dans les profondeurs abyssales de sa mère. Protégé par les parois abdominales et utérines, plongé dans les eaux chaudes du liquide amniotique, c'est un capteur d'ondes vibratoires internes. À l'unisson des ondes et vibrations, il capte, construit et façonne déjà sa propre voix. C'est un chœur qui se forme durant neuf mois. Dans cet univers aquatique, le corps et la voix de la mère exercent une influence qui gouverne déjà l'enfant à naître.

Le fœtus reçoit les ondes sonores à travers le liquide amniotique. Tout le monde a probablement déjà fait l'expérience d'écouter une voix en ayant la tête sous l'eau, dans une piscine ou dans sa baignoire. Le son est déformé. Ce qu'entend le fœtus n'a donc rien à voir avec ce que nous entendons à l'extérieur. Dans certaines régions d'Afrique, la naissance est considérée comme le premier anniversaire, car l'on considère que la vie existe déjà dans l'utérus. Et dans cet espace clos et contraint, la voix de la mère et son corps influencent le développement de la zone du langage.

Cela passe d'abord par l'action directe de la voix, des sons, de la musique même, qui résonnent par le corps de la mère et à travers le liquide amniotique. Les expériences de Stanislas Dehaene, en 2017, ont montré que des mélodies chantées par la maman durant la grossesse permettent d'apaiser davantage le fœtus que des chansons chantées par d'autres personnes dans l'entourage.

Il y a ensuite les gargouillis intestinaux et les battements de cœur de sa mère qui résonnent. Il est sensible à l'intensité des vibrations émises. De 25 à 30 décibels, l'univers auditif est paisible et serein. La douceur des bruits de fond, des murmures et des chuchotements le rassure. C'est ici, au son de ces premières berceuses, qu'il se développe.

Au-delà de 75-80 décibels, il sursaute, il stresse, il est agressé. C'est inattendu pour lui. Cela peut créer des altérations au niveau de la projection du langage et donc de sa voix future. Car nos oreilles sont le gouvernail de notre voix et de nos réactions émotives. La voix, les sons ou la musique extérieure sont des vecteurs affectifs pour le fœtus. C'est donc par la justesse et l'harmonie du chant extérieur que l'enfant écoute, édifie, intègre sa propre musique interne et la singularité de sa voix.

D'autres expériences ont été menées sur des bébés prématurés de sept mois. On leur a fait écouter en couveuse le rythme cardiaque de leur mère, des enregistrements de sa voix ou des chansons. Les IRM fonctionnelles réalisées sur ces enfants ont témoigné d'une zone du langage beaucoup plus développée. La voix gouverne donc le développement intellectuel et langagier.

Mais il faut également compter sur la voix du père. Si l'enfant l'a suffisamment entendue durant la grossesse, elle devient rassurante à la naissance et favorise son sommeil. On conseille donc aujourd'hui aux futurs pères de parler au ventre ! En cas de décès de la mère à la naissance, ou pour les enfants nés de gestation pour autrui, la voix du père peut même devenir la voix de référence.

Le rythme est essentiel. Chacun de nous est sensible aux battements de cœur. Dans notre première vie intra-utérine, c'est le cœur de notre mère qui rythme la musique que nous entendons. L'enfant bouge, sur trois ou quatre temps. Valse ou rock'n'roll, tout au long de notre vie, nous retrouverons ces rythmes, et nous nous mettrons à danser à leur écoute. Peut-on dire pour autant que chaque enfant à naître est déjà un danseur ou bien un musicien dans sa vie utérine ? Le fœtus entend peu, mais il perçoit.

Sa voix sera également influencée par les hormones maternelles. Ces sécrétions hormonales vont jouer un rôle capital. Le fœtus est nourri par le cordon ombilical qui le relie à la mère et achemine les éléments nutritifs indispensables. Le cordon lui permet également d'évacuer certaines substances. D'autres, comme les hormones maternelles, partent par les propres urines du fœtus dans le liquide amniotique. Celles-ci sont réingérées en continu par le fœtus avant d'être lentement éliminées. Il se trouve donc, dès l'âge de trois mois *in utero* immergé dans un véritable bain d'hormones transmises par la mère. Quel rapport avec la voix ? me direz-vous. En fait, lorsque la mère est joyeuse, elle sécrète du cortisol (excitation), de l'ocytocine (plaisir) et de la dopamine (désir), ainsi que de l'adrénaline et de la noradrénaline. Les IRMf réalisées sur les fœtus *in utero* entre le troisième et le neuvième mois montrent que la zone du langage se développe très rapidement lorsque l'environnement hormonal de la mère est positif, c'est-à-dire lorsque sa sécrétion d'ocytocine est supérieure à celle du cortisol. À l'inverse, le stress conduit à une sécrétion de cortisol supérieure à celle de l'ocytocine. La zone du langage croît alors moins vite, voire diminue. Cela est probablement un vestige de notre condition animale. Le stress est synonyme de survie, faisant que seules les fonctions vitales fonctionnent, de façon beaucoup plus intense que d'ordinaire. Dès que la mère n'est plus stressée, la zone du langage reprend sa croissance et les neurones se multiplient. Par ailleurs, l'impact négatif des traumatismes de guerre sur le fœtus et la mère a été démontré par une étude publiée en mai 2021 dans la revue *Infant Behaviour and Development*. Ils ont constaté une incidence cognitive et motrice sur le nourrisson. De même, le profil psychologique des enfants de la Shoah est teinté d'un stress immense. Ils ne supportaient pas les cris ou le bruit et pour certains la langue allemande.

Bill Riley est un célèbre coach vocal new-yorkais. D'origine amérindienne, il a toujours accordé une place centrale au chant comme moyen de transmission d'une culture ancestrale. Sa femme, Linda Caroll, est également une accompagnatrice vocale de renom. Alors qu'elle était enceinte de leur fille Jennifer, tous deux travaillaient au programme Actors Studio. Chaque jour, la petite était exposée *in utero* au travail de la voix. Elle entendait à longueur de journée *Et s'il suffisait d'aimer* de Céline Dion ou des ténors interprétant *Caro mio ben* de Tommaso Giordani.

Jennifer développa très précocement un vocabulaire sophistiqué, prononçant ses premiers mots à quatre mois et des phrases complètes à douze. Elle récitait « The Three Billy Goats Gruff » (*Les trois boucs bourrus*), conte populaire norvégien, à quatorze mois, avec une articulation d'une précision impressionnante et de nombreux détails de l'histoire. Plus étonnant encore, à l'âge de quatre ans, lors d'un mariage, Jennifer se mit à chanter *Caro mio ben*, en utilisant une prononciation et un phrasé musical précis. Lectrice vorace, Shakespeare fut l'un de ses auteurs préférés à neuf ans. À dix ans, elle présentait déjà ses recherches sur « Les caractéristiques de fréquence des animaux généralement utilisés dans la recherche laryngée » à la Voice Foundation.

Existe-t-il meilleur témoin de l'influence de l'environnement vocal sur le fœtus *in utero* ?

La voix est un instrument de musique unique, le seul qui soit à la fois à cordes et à vent. Pour que les vibrations deviennent voix, il faut un voyage du souffle pulmonaire aux lèvres, en passant par les cordes vocales. L'onde sonore devient le mot, la mélodie, l'empreinte vocale de chacun.

La voix tient sa force de l'expiration de l'air par nos poumons. Par la rencontre de cet air avec deux cordes vocales qui se rejoignent pendant ce que l'on appelle la phonation, la vibration se forme. L'énergie du souffle se transforme en ondes sonores. Dans le vide, point de voix. L'anatomie des cordes vocales influence la vibration. En fonction de leur configuration, de leur longueur et de leur épaisseur vous obtiendrez une grande diversité de sons.

Cette vibration isolée ne suffit pas. Tout comme pour une guitare ou un violon, nos cordes ne seraient rien sans leurs caisses de résonance. Celles-ci commencent au-dessus des cordes vocales et se terminent au niveau de nos lèvres, porte de la voix. Les vibrations « s'habillent » en cheminant dans la gorge, le pharynx, la bouche, les fosses nasales et les lèvres.

C'est cette anatomie, propre à l'humain, qui nous permet de prononcer les voyelles. Cela n'est possible que parce que notre larynx est descendu de la première vertèbre cervicale à la cinquième, au milieu du cou, alors qu'il est resté au niveau de la première chez tous les autres mammifères, comme l'a montré Jeffrey Laitman. Cette descente du larynx se fait progressivement entre notre naissance et l'âge de dix-huit mois. La voix humaine est la seule permettant un langage musical articulé. Elle dépend de la mobilité de tout ce petit ensemble, dont le chef d'orchestre est le cerveau. Il reste le maître absolu de notre voix.

Les professionnels de la voix sont de véritables athlètes. Lorsque nous parlons, ce sont plus de 400 muscles qui poussent la chansonnette. Parmi eux, ceux de la respiration sont cruciaux dans notre signature vocale, comme ceux du pelvis, de l'abdomen, du thorax, du cou et de l'expression propre à la mimique de la face. La complexité de la voix-instrument permet de comprendre que chaque voix est unique.

Quand Laurent Gerra ou Michaël Gregorio imitent Johnny Hallyday, on dirait le vrai Johnny. Pourtant, écoutez-le encore et encore : ici, ce sont les graves et l'intensité du souffle qui trahissent l'imitateur, artiste des artistes. Plus encore, une oreille avertie reconnaîtra les indices propres à chaque imitateur.

La résonance de notre corps est fondamentale dans l'émission de notre voix. On distingue au moins trois types de paramètres qui se superposent et se répondent. Deux créent des harmoniques propres à chacun et le troisième nous apporte le ressenti de notre propre voix. Les harmoniques sont produites par les caisses de résonance et par notre masse corporelle, dont la chair et les os vibrent et renvoient une onde modifiée à notre cerveau. Le troisième paramètre, non des moindres, est le son extérieur que nous produisons et qui revient à nos oreilles. Notre cerveau mélange cette information avec les deux précédentes. Et alors que les autres n'entendent que les sons qui sortent de notre bouche, nous entendons, en ce qui nous concerne, une tout autre musique. C'est ce qui fait qu'on ne reconnaît généralement pas notre voix dans des enregistrements. Notre corps vibre dans les graves, que nous sommes les seuls à percevoir grâce à la conduction osseuse. Alors que l'autre ne les entend pas. Or, ces basses fréquences sont celles qui nous font le plus vibrer. C'est la raison pour laquelle notre voix sur une messagerie peut nous déplaire, les graves ayant disparu.

Last but not least, la justesse de notre chant a besoin d'un chef d'orchestre particulièrement avisé. C'est le rôle de l'oreille. En effet, c'est l'écoute de notre voix extérieure qui nous permet de produire des notes précises. C'est un rétrocontrôle par l'oreille. Chanter faux n'est pas une affaire de cordes vocales mais de perception auditive.

En 2007, à quatre-vingt-trois ans, Charles Aznavour annonce une série de concerts à Paris, avant de partir pour une tournée internationale. Après le premier de ces concerts, les critiques et fins connaisseurs du génie franco-arménien s'interrogent. Cela ne sonne pas comme du Aznavour. Le chanteur aurait-il perdu sa voix ? Aznavour, que j'ai suivi pendant de longues années et jusqu'à sa mort, en 2018, vint alors me voir pour que j'examine ses cordes vocales, pensant qu'elles étaient blessées – ce qui ne lui était jamais arrivé. Je ne vis rien (ce qui ne veut pas dire qu'il n'avait rien !). Pas de maladie, pas de fatigue, respiration normale : bref, la pleine forme. Il commençait à s'inquiéter. Dans le doute, je testai son audition. En effet, le spectre de l'écoute de la voix parlée n'est pas le même que celui de la voix chantée. Dans la voix parlée, les fréquences sont rarement dans les aigus. Dans la voix chantée, le registre de l'écoute est plus large. Ce sont les fréquences aiguës (entre 2 000 et 4 000 Hz) qui sont les plus atteintes avec l'âge, ce qui entraîne une perte du relief de l'écoute. C'était son cas. On l'appareilla en quelques heures. Ses prothèses auditives lui permirent de retrouver son éclat. Le soir même, Aznavour remontait sur scène. *Mes traits ont vieilli, bien sûr, sous mon maquillage. Mais la voix est là, le geste est précis et j'ai du ressort.* Sa voix est bien là. La critique salue la performance de cet artiste et chanteur d'exception.

Si Aznavour chantait faux, après soixante-dix ans d'une carrière impeccable, c'était que le retour de voix dans son oreille n'était plus juste. La conduction osseuse du son fonctionnait encore, mais la conduction aérienne était faussée. Chanter, c'est aussi et surtout s'écouter.

Les cordes vocales, le souffle, la résonance, les muscles, l'oreille et l'affect font de notre voix une machinerie unique et impossible à répliquer. La voix de l'être humain est un sommet de complexité – celle des perroquets ne l'est certainement pas autant. Cette voix, telle que nous la connaissons aujourd'hui, aurait environ trois millions d'années. Les scientifiques ont en effet identifié des microsillons liés à la parole dans le crâne au niveau du lobe temporal gauche, sillons qui n'existent pas chez nos plus proches cousins les singes.

Après sa naissance, l'enfant se souvient de la voix de sa mère. Mais tout a changé : le voilà qui bascule dans un environnement aérien. Sa perception de la voix des autres et de la sienne est complètement modifiée. Son espace-temps est métamorphosé. Un nouveau monde à découvrir.

2.

Voix sous influences

Il y a, à n'en pas douter, une mémoire des voix. C'est une affection génétique désormais connue, la maladie de Paget, qui fut à l'origine de la surdité progressive de Beethoven. Grâce à son oreille absolue, il entendait la musique en lisant la partition. Lorsqu'il composa ce qui est probablement l'un de ses plus grands chefs-d'œuvre, la *Neuvième symphonie*, en 1824, il était déjà totalement sourd depuis dix ans. Plus un seul son, le monde extérieur était un long silence pour celui dont la musique ravissait les oreilles de l'Europe entière. Le plus incroyable est que cette symphonie est surtout la première (et dernière) dans laquelle il ajoute des chœurs, dans un dernier mouvement grandiose. S'il connaît les notes sans les entendre, comment peut-il connaître les voix ? Beethoven n'était pas sourd de naissance. Le souvenir des voix demeurait gravé dans sa mémoire.

La mémoire auditive fait que le nouveau-né connaît déjà un peu ses parents. Du moins, il reconnaît les sons qu'ils produisent. À dix mois, il comprend une dizaine de mots. Entre dix et quinze mois, il comprend le rapport qui lie le signifiant (le mot) au signifié (l'objet ou l'action). Toutes ces choses s'inscrivent progressivement en lui. Lorsque je parle à un enfant de manière positive, avec un regard aimant et une voix douce, il sécrétera davantage d'ocytocine, l'hormone du plaisir. Il commence lui aussi progressivement à dire des mots, afin de nous faire réagir. L'enfant crée du langage car il cherche des réponses de l'autre (Piaget, 1986).

À partir de trois ans, il devient encore plus sensible à son environnement : si celui-ci est rassurant, l'enfant sécrétera plus d'ocytocine et la mémoire de l'événement s'ancrera davantage en lui. À l'inverse, un environnement négatif le poussera à se refermer sur lui-même. Il comprend progressivement le monde qui l'entoure et le fait qu'il y prend part. À partir de six ans au plus tôt, l'enfant construit son récit : il comprend qu'il y a un passé, un présent et un futur. Si son passé est traumatisant, il peut rester bloqué dedans. Le passé est une image dans notre esprit, sans cesse transformée par notre conscience au présent. Il n'y a pas de passé neutre, car il est toujours influencé par le filtre de notre subjectivité. Toute mémoire est donc une interprétation plus ou moins fidèle de notre vécu.

Entendre les voix de nos semblables n'est pas seulement agréable, c'est également indispensable. C'est ce que nous montre l'histoire de l'enfant sauvage. Ayant grandi dans la forêt parmi les animaux, l'enfant sauvage ne connaît pas les voix et n'en a pas lui-même. Au mieux grogne-t-il. On rencontre un certain nombre de cas de ce type dans l'Histoire, comme Victor de l'Aveyron, qui vécut au début du XIXe siècle. Il a servi de sujet à un film de François Truffaut (*L'Enfant sauvage,* 1970). Cet enfant aurait grandi (le récit est largement sujet à caution) parmi les loups avant qu'un médecin, le docteur Itard, ne le recueille. Ce dernier cherche par la suite à le réinsérer. À dix ans, il connaît 50 mots. À quinze, 500. Il meurt à vingt-sept ans sans avoir jamais comblé son retard intellectuel considérable et irréversible. La voix est un tissu social vital.

L'intelligence a besoin de la voix. La zone du langage s'atrophie dans le cerveau de ceux qui ne parlent pas ou à qui l'on ne parle pas. Les autres fonctions intellectuelles reculent en même temps que l'aire de Broca (autre nom de l'aire du langage). C'est parfois le lot des personnes âgées lorsqu'elles sont isolées ; leur cerveau perd progressivement ses capacités. L'interaction humaine est donc cruciale. À défaut, écouter la radio permet de stimuler partiellement le langage – d'ailleurs beaucoup mieux que la télévision, dont les images ou les changements de plans nous distraient et ne nous permettent pas de réaliser pleinement l'effort d'intégration du flux langagier.

La quête de la connaissance absolue, la volonté de tout expliquer par les sciences a parfois conduit les hommes à des expériences extrêmes et cruelles. Ainsi celle de Frédéric II de Hohenstaufen (1194-1250), empereur érudit du Saint-Empire romain germanique, cherchant à retrouver le langage originel de l'espèce humaine. La *Chronique* du franciscain Salimbene de Adam (1285) nous raconte comment ce monarque fit enlever des nourrissons après leur naissance et ordonna qu'on les élève sans jamais leur parler, chacun isolé dans une chambre différente, afin qu'ils développent une langue qu'on supposait pure de toute influence culturelle. Ils se virent imposer un isolement social, physique, vocal, et psychique jusqu'à l'âge de trois ans. Résultat ? À compter de la fin de leur isolement, ces enfants ne sont parvenus à apprendre qu'une cinquantaine de mots. Ils sont tous morts débiles profonds avant d'atteindre douze ans.

Cette expérience étonnante montre que la parole est indispensable à la construction cérébrale. La voix conditionne notre rapport au monde. La langue maternelle est comme une empreinte définitive, impalpable et pourtant omniprésente. Les rythmes, la mélodie, les voyelles, les consonnes de notre langue maternelle ou même de notre famille demeurent toujours présents. Elle s'imprime dans la partie gauche du cerveau, sur un plan bien précis. Si nous en avons plusieurs, elles se situeront sur le même plan. Une langue étrangère apprise s'inscrira sur un plan au-dessus du précédent. Les différentes langues parlées formeront ainsi des couches superposées. Avec l'âge, c'est la langue maternelle qui revient en force. Elle véhicule les règles et tabous de notre comportement. Une langue apprise se trouvera assez souvent débarrassée de ces tabous et interdictions de langage. Certaines choses que je garde tues en français, je les dirais sans problème en anglais.

J'ai longtemps soigné un des meilleurs barytons-basses de l'Opéra de Paris, souffrant d'un polype sur une corde vocale. Ne pouvant plus assurer ses concerts, il me demanda de l'opérer. Une heure après son opération au laser sous anesthésie générale, le chanteur ouvrit les yeux en salle de réveil. Dans la confusion propre à son état, il m'adressa, me semblait-il, des onomatopées. Il me parlait un langage que je ne comprenais pas. Avait-il fait un accident vasculaire cérébral ? Y avait-il eu un problème pendant l'anesthésie ? L'infirmière de la salle de réveil, voyant mon incompréhension, chercha à me rassurer : « Ne vous inquiétez pas, dit-elle, il parle grec. » Mais je le connaissais depuis quinze ans et étais certain qu'il ne parlait pas grec. Je n'étais pas franchement rassuré. Quinze jours plus tard, il revint me voir à mon cabinet pour un examen de contrôle en vidéo-laryngoscopie. Ses cordes vocales vibraient normalement, le résultat était satisfaisant. « Effectivement, je ne parle pas grec », me confirma-t-il. Mais son nom était grec et, dans le fil de la discussion, j'appris qu'il avait vécu en Grèce jusqu'à l'âge de cinq ans. Un mois plus tard, il me rappela, se rendant compte qu'il pensait et chantait parfois en grec. Par la suite, il a recommencé à parler sa langue maternelle... soixante ans après l'avoir entendue pour la dernière fois !

La zone du cerveau où se trouve la langue maternelle est une des mieux oxygénées au moment du réveil après une anesthésie. C'est ce qui explique le comportement de mon ami le baryton-basse. C'est également à cette zone que nous faisons appel lorsque nous faisons de l'arithmétique. C'est un test bien connu : nous calculons beaucoup plus vite dans notre langue maternelle !

Nos parents ne nous transmettent pas qu'une langue. Bien sûr, il y a l'éducation. « Tu ne parles pas à table », « tu te tais » : très tôt, la parole est contrainte par ces injonctions et par les tabous (le blasphème par exemple). Puis, il y a le mimétisme. Les enfants peuvent prendre les accents des parents s'ils les admirent. L'enfant copie la musique, le rythme, la cadence, mais aussi les mots eux-mêmes. Pour les garçons, c'est souvent le père. Pour la fille, la mère. Même si cela n'est pas automatique. Il faut également compter sur le choix des loisirs, qui influencent nos sujets de discussion et notre manière de parler.

Et la génétique dans tout ça ? Ce n'est pas évident. Du point de vue génétique, nous nous ressemblons physiquement dans la même famille. Or, notre physique influence notre voix. Chez les hommes, les grands sont plutôt des barytons, les petits trapus des ténors. La tessiture (baryton, alto, ténor, etc.) est influencée par notre anatomie (du thorax, du larynx) qui dépend elle-même de notre génétique. Le cou des barytons, par exemple, est souvent longiligne. Mais notre propre voix n'est pas la même que celles de nos parents, de nos frères, de nos sœurs. L'apprentissage et le bain de culture sonore exercent une incontestable influence.

Plus surprenante peut-être est l'influence du climat sur la voix. Dans le sud du Tibet, l'année est marquée par les moussons. Certains peuples choisissent de monter de la plaine aux montagnes pour échapper à ces pluies diluviennes. Les enfants qui naissent dans la plaine, où il fait chaud et où les ressources sont abondantes, évoluent dans un environnement assez favorable. Ils utilisent plus de mots, plus de métaphores et d'images, ainsi que l'ont montré les travaux de Boris Cyrulnik. À l'inverse, à 5 000 mètres d'altitude, il faut aller à l'essentiel. L'environnement est hostile. La voix est rude, le propos laconique. Les menstruations des femmes qui habitent dans la plaine arrivent vers douze ans. Pour celles qui vivent dans les montagnes depuis deux générations, il faut parfois attendre jusqu'à vingt-deux ans ! L'environnement est déterminant dans beaucoup de nos caractéristiques (S. Niermeyer, P. Yang, Shanmina, 2004).

La météo exerce une influence directe et immédiate sur la manière de parler. Dans un avion, le taux d'humidité est très bas, de l'ordre de 5 % (contre 40 à 50 % en moyenne sur terre), faisant que les cordes vocales se dessèchent. En atterrissant à Paris en provenance du Québec au début des années 2000 pour quelques dates de concerts, Céline Dion s'est retrouvée confrontée à un important pic de pollution. Sa voix était fragilisée par une réaction allergique. Elle ne pouvait plus chanter les notes aiguës. Alors qu'un autre médecin lui proposait une injection de cortisone pour lui permettre de monter sur scène, au risque de blesser sa voix pour plusieurs semaines, je lui ai proposé un traitement plus long, qu'elle finit par accepter. Quelques représentations au Zénith ont dû être annulées.

La chanteuse franco-béninoise Angélique Kidjo a un timbre vocal très caractéristique. Elle n'oublie jamais son humidificateur lorsqu'elle prend l'avion, pour assurer la lubrification de ses cordes vocales. Cette charismatique défenseuse des femmes en Afrique, qui vit aux États-Unis, a reçu de nombreux Grammy Awards. Elle a toujours des problèmes pour chanter dans les États américains où l'air est plus sec, comme le Texas, et a besoin, dans ce cas, d'un échauffement vocal approprié.

*

L'enfant parle pour attirer l'attention, pour montrer qu'il existe. L'adolescent libère sa voix dans un râle désagréable. Chez les guerriers massaïs, lorsque la voix du garçon est pubère, on lui confie une lance pour qu'il aille tuer un lion. Être adulte, ce n'est pas simplement grandir physiquement, c'est aussi être capable de tuer la bête, c'est-à-dire symboliquement de nourrir et de protéger sa famille. Ces rituels n'ont rien à voir avec ce que nous connaissons en Occident. Mais l'enfant massaï dès son enfance parle la voix de la nature. Il parle « lion ». L'enfant devient adulte avec sa voix, chez les filles comme chez les garçons. La voix des hommes baisse de six tons, celle des femmes de deux tons.

À l'adolescence, l'enfant acquiert son statut d'adulte en se sexualisant biologiquement. La voix, grâce à l'augmentation de la testostérone, devient le stimulateur fondamental de l'émergence de la libido. Le taux de testostérone est beaucoup plus important chez le garçon que chez la fille. La séduction par la voix se met en place : la jeune fille en période d'ovulation se rapproche des hommes qui ont la voix la plus grave (S. C. Roberts *et al*, « Female facial attractiveness increases during the fertile phase of the menstrual cycle », *Biological science*, n° 271, 2004). La signature sexuelle des vibrations s'impose. La morphologie de l'appareil vocal évolue. Les hommes développent une pomme d'Adam au niveau du cartilage thyroïde, les femmes n'en ont pas. Elles ont des cordes vocales de 18 à 20 mm, contre 20 à 23 mm pour les hommes. Cela joue sur la fréquence moyenne de la voix : 170 à 250 Hz chez la femme et 75 à 140 Hz chez l'homme. La voix devient un instrument de séduction. Les deux voix se rencontrent, se nourrissent, se charment. Elles servent de parade et précèdent l'attirance charnelle. La voix dévoile les émotions. Chaque personnalité surgit, s'affirme et évolue comme la glaise à qui le sculpteur donne forme.

L'adolescence est un vacillement vocal. Il est peut-être plus évident chez les garçons, mais il existe également chez les filles. On passe à la voix adulte de manière disgracieuse car on n'a pas encore atteint la symbiose entre la voix et le corps. La voix mue, change de tonalité, s'amplifie, vacille, se cherche, dans cette tourmente hormonale. La voix adolescente a quelque chose d'extraordinaire dans sa métamorphose. L'image de notre corps se modifie tout comme notre larynx et nos cordes vocales. Nous sommes bien étonnés quand un corps herculéen parle d'une petite voix, ou lorsqu'un jeune garçon a une grosse voix. Au-delà de la personne que l'on a devant soi, la voix est une identité impalpable. À l'adolescence, sa mélodie est encore indécise.

Les adolescents ne connaissent pas encore l'harmonie entre la voix et le corps. Leur cerveau ne veut pas de silence. Leurs hormones – ocytocine et testostérone – sont en ébullition. Ardeur et effervescence les caractérisent. Ils foncent sans réfléchir. La voix est un volcan émotionnel.

Quel meilleur exemple que celui de Farinelli, castrat le plus célèbre du XVIIIe siècle, pour démontrer l'importance des hormones ? Ayant été mutilé avant la puberté, à l'âge de dix ans, il a gardé sa voix d'enfant avec un registre vocal remarquable des graves aux suraigus. N'ayant pas été imprégné de testostérone comme les autres adolescents, il a conservé une voix haute, deux à trois notes au-dessus d'une voix de femme et cinq notes au-dessus d'une voix d'homme. Cette voix gracieuse, puissante et charmeuse avait plus de quatre octaves.

En 35 millisecondes, les cordes vocales propulsent un son, pendant lequel on prend normalement notre respiration. Certains adolescents ne la prennent pas. Il y en a d'autres qui, au contraire, se taisent ou parlent peu. L'adolescent qui n'extériorise pas s'exprime intensément d'une autre manière, soit en hyper-intériorisant, soit en trouvant une autre forme d'expression : poésie, dessin, musique ou sport.

La voix est une éponge à émotions. Elle absorbe celles des autres, est influencée par l'environnement extérieur et dévoile notre équilibre intérieur. Pilier sur lequel notre cerveau se développe, de la raison à l'imaginaire, la voix est soumise à notre culture, à nos gènes, à nos hormones, à notre éducation et même à notre alimentation et au climat. Nous sommes des êtres de la Nature, et l'oublier, c'est perdre nos racines. Un équilibre subtil et propre à chacun.

3.

La voix des enseignants

Transmettre est la mission première de l'Homme, et l'oralité, son privilège. Éduquer un enfant, c'est à la fois le conduire vers sa vie d'adulte et faire perdurer la civilisation.

Enseigner expose au regard de l'élève, mais également à ses oreilles. Nos professeurs pratiquent un jeu d'acteur pour lequel la classe sert de scène. S'il n'y a plus les planches de l'estrade, comme dans le temps, il subsiste une unité de lieu (la classe) et de temps (le cours) et un sujet unique à exposer. Les règles du théâtre classique s'appliquent donc chaque jour dans presque 60 000 établissements scolaires en France. Mais ici, le spectateur a une plasticité cérébrale remarquable, de la maternelle au lycée. Ce public, sur lequel la culture familiale a déjà gravé son empreinte, doit tout apprendre, tout absorber, tout découvrir du monde et de sa complexité.

Pour transmettre, l'enseignant doit avoir de l'éloquence, un engagement de lui-même et un certain charisme. Son éloquence repose sur la valeur cardinale qu'est le partage, qui permet à l'élève de *s'élever*. Point de rapport de force, donc, mais un compagnonnage. Ici, il est primordial de susciter l'adhésion à la matière. C'est une différence essentielle avec la politique qui, elle, met en scène une rivalité se traduisant dans une éloquence et une rhétorique de combat. Le discours politique cherche à rallier autour d'une personne, d'un parti, d'un programme, et non à partager.

Le pédagogue habille le « dis-cours » et le rend suffisamment vivant pour que la classe s'y intéresse et en tire profit. Son timbre de voix traduit une sincérité avec un langage fait de multiples nuances. S'il est monocorde, on s'ennuie. S'il surjoue, cela ne passe pas non plus. La démarche honnête est habitée. Les silences entre les mots sont indispensables pour intégrer l'information. L'harmonie entre la voix, la musicalité et les gestes est la clef de la communication.

L'enseignant crée un environnement d'apprentissage dont il est le chef d'orchestre. Les journées sont rythmées par une cloche tonitruante qui annonce la fin des cours. Il s'inscrit dans cette temporalité et s'impose dans cet espace d'interactions avec son auditoire. C'est lui ou elle que l'on écoute, avec attention. Il va créer un quatuor entre sa voix, son corps, son savoir et son public. Contrairement au théâtre, il ne joue jamais la même partition, le même texte. Si le fond est similaire, la forme est différente pour chaque auditoire.

L'enseignant peut attiser la curiosité, passionner, susciter une attente, créer des carrières. Un professeur d'histoire peut faire vivre une époque dans sa manière de la raconter. Il entretient des liens entre le présent et le passé. À l'inverse, certains enseignants peuvent rendre une matière peu attractive, voire rébarbative. Enseigner, c'est susciter l'intérêt.

Nous avons tous une histoire à raconter sur une professeure ou un professeur nous ayant fait complètement changer d'avis sur une matière. Pour moi, c'était en classe de terminale. Je venais d'intégrer un nouveau lycée et l'on pouvait lire sur mon carnet : « Ne s'intéresse pas aux cours de philosophie. » Lorsque je suis arrivé dans mon nouvel établissement, le professeur de philosophie m'a convoqué : « Cela ne sert à rien que vous veniez en classe, puisque mes cours ne peuvent pas vous intéresser. Si cela vous convient, je noterai que vous étiez présent. » J'étais franchement vexé. Dans ma tête, un véritable *challenge* venait de naître. Lorsque je lui demandai de s'expliquer, il me répondit : « Vous n'êtes pas capable de faire de la philo. » Mais si ! « Alors venez à deux ou trois de mes cours, on verra ce que vous valez. » Il avait créé un défi, éveillé mon esprit de sportif, stimulé mon envie de montrer que j'étais capable. Nietzsche, Kafka, Dostoïevski... Ses leçons me passionnèrent. En me provoquant, il avait suscité mon intérêt. J'étais un compétiteur dans l'âme et il avait compris comment s'adresser à moi pour me faire réagir. Il ne voulait pas imposer mais me laisser ma liberté intellectuelle et, comme un enseignant passionné, il souhaitait que l'on aime ce qu'il aimait. Ses cours passaient toujours trop vite.

Un cours, magistral ou pas, s'apparente à un long monologue vertical qui descend vers une assemblée, plus ou moins muette. La voix du professionnel se fait entendre et stimule l'élève. « Piquer la curiosité » n'est pas chose simple. Écouter un cours récité sur un ton monocorde est d'un ennui mortel. Le faire vivre par des intonations, des silences, des respirations, parfois même des émotions, est un défi. Pour réveiller un esprit égaré ou endormi, il faut jouer des cordes vocales, de la posture, avec des anecdotes. L'empathie, la bienveillance ou l'enthousiasme sont indispensables et nourrissent les deux forces de votre voix : la mélodie et les mots. D'ailleurs, l'âme des mots n'est-elle pas la musicalité ?

Enseigner, c'est avoir conscience de ce que l'on donne à entendre, de ce qui fait vivre un cours et enveloppe les sons. Il faut savoir choisir la voix que l'on emprunte pour susciter l'attention, l'intérêt ou créer de l'interaction. C'est une voix à la fois chaleureuse, bienveillante, autoritaire, ferme et posée. Le professeur devient un orateur dès lors qu'il sait poser sa voix, concevoir son identité vocale professionnelle.

Obtenir une mélodie harmonieuse entre enseignant et élèves facilitera l'écoute de ceux qui réceptionnent l'information. Elle porte la connaissance au sens large. Il est évident que nous accordons plus ou moins d'attention à un sujet en fonction de l'intérêt que nous lui portons. L'objectif de l'enseignant est de créer une rencontre, chaque jour, entre son sujet et ses élèves.

Ce sont les neurones miroirs de l'élève qui lui permettent, par mimétisme, d'intégrer les habitudes, les paroles, voire les raisonnements de son professeur. C'est la volonté inconsciente et universelle de ressembler à l'autre.

Et le non-verbal ? Le corps transmet autant que les mots. Que nous soyons jeunes ou plus âgés, grands ou petits, courbés ou droits comme des « i », hommes ou femmes, notre corps est le véhicule de toutes nos expériences. Froncer les sourcils, hausser les épaules, faire les cent pas, se gratter la tête, le nez, les oreilles ou le front, soupirer, écarquiller les yeux, regarder, se mordre les lèvres : chaque geste est un signifiant. C'est d'ailleurs parfois encore un sujet de moqueries et de petites mesquineries redoutables au fond de la classe. Les corps des professeurs envoient des signes qui sont tout aussi nécessaires que la part verbale du cours.

Le corps personnifie le cours. Il est le premier point de contact avec l'autre. La difficulté réside dans la maîtrise de l'image du corps-enseignant. Autrefois, le maître ou la maîtresse d'école montait sur une estrade et se hissait donc plus haut que ses élèves. Ils étaient tous à portée de vue. Même celui qui était assis au fond à gauche, près du radiateur, n'était pas à l'abri d'une injonction de son professeur s'il rêvassait un peu trop. Le regard parlait lui aussi. L'enseignant prenait possession de l'espace de sa classe. Son autorité induite et manifeste en faisait l'incontestable capitaine à bord. Par son expérience, il connaît mieux ses élèves qu'eux-mêmes. Le doigt en l'air des élèves ou le vouvoiement créaient une sorte de distance nécessaire, un respect implicite, un langage spécifique. Personne ne remettait en doute leur parole, ni même leur autorité. Aujourd'hui, j'entends à mon cabinet de jeunes professeurs me dire : « Je me suis laissé pousser la barbe, elle me vieillit. Cela me donne un air sage, sérieux et charismatique ; c'est plus facile avec les élèves. » Il y a donc bien une prise de conscience de la nécessité d'incarner l'autorité.

Il existe également un *dress code*, souvent négligé aujourd'hui. Le choix vestimentaire pouvait exercer une influence sur nous, ou du moins sur le regard que nous portions sur l'enseignant. Je me souviens encore de mes années d'école primaire, près des Buttes-Chaumont à Paris. J'avais huit ans et mon instituteur, rond, souriant, bonhomme et bienveillant, portait une écharpe sombre et une blouse de couleur marron. Cette blouse attirait l'attention. Elle le différenciait des autres adultes. Aujourd'hui, en tant que chirurgien, je me rends compte que le fait de porter une blouse blanche ou un costume a une influence sur mes patients. Cela crée une forme d'écoute et de respect mutuels. Même si l'habit ne fait pas le moine, il modifie tout de même le point de vue de celui qui le regarde et qui l'écoute.

Avec le Covid, les professeurs ont dû assurer leurs cours via des plates-formes. S'il importait peu qu'ils portassent un pantalon d'intérieur, bas de jogging ou de pyjama, ils soignaient néanmoins l'apparence du haut de leur corps pour apparaître sérieux et crédibles à l'écran face aux enfants. Certains mettaient un fond d'écran, afin de ne pas faire rentrer les élèves à l'intérieur de chez eux et pour préserver une distance.

Utiliser les mots qui conviennent est important. Le pire étant un spécialiste qui parle un langage de spécialiste devant des non-spécialistes. Il faut savoir s'adresser à tous les auditoires, partager sa connaissance et non l'imposer au public.

L'enseignant met sa voix en scène. C'est une véritable chorégraphie : ruptures de rythme, regards, interpellation des élèves, sortir du propos et y revenir, gestes, manière de se déplacer. Il n'est pas aisé de créer une relation entre un individu et un collectif. Ici, le contenu est fondamental pour que la forme prenne du relief.

Le premier type d'enseignants, celui de l'école et de tous les jours, fait généralement appel dans sa manière d'enseigner à la fois au cerveau gauche (pôle de la raison) et au cerveau droit (pôle de l'émotion). Il faut faire aimer (cerveau droit) le sujet pour faciliter sa compréhension (cerveau gauche). *Placere et docere*, plaire et instruire. Les discussions de cet ordre font progresser notre connaissance générale.

Le second type d'enseignants est celui des personnes hyperspécialisées dans un domaine. Devant un public initié ou avec un niveau de connaissances élevé, on entre dans l'exhaustivité des détails, on interroge des points techniques sans forcément chercher à plaire. Ces discussions permettent de faire avancer la recherche.

Médecin personnel de Pablo Picasso pendant plus de vingt-cinq ans, Paul Charbit aimait mêler les savoirs et les cultures. Il a organisé depuis les années 1990 un colloque multidisciplinaire « Art, Science et Pensée », auquel j'ai pris l'habitude de participer. Mon ami André Brahic, découvreur des anneaux de Neptune, décédé en 2016, y vulgarisait régulièrement ses travaux. Ce remarquable chercheur était habité par ses explications, comme en transe ou en complet délire lorsqu'il s'exprimait. Il gesticulait, interpellait la salle, s'arrêtait avec un silence interrogateur pour lui-même, comme s'il s'était perdu dans son univers qu'il décrivait avec sa voix de baryton. La salle était captivée. C'était de l'empathie positive à l'état pur, désintéressée. Il avait le plaisir du partage. Quelques années après sa disparition, lors de ce colloque, j'ai assisté à une nouvelle présentation d'astrophysique très technique et pointue à laquelle l'auditoire n'était absolument pas réceptif. Je réalisai alors que la personne, brillante scientifique au demeurant, n'était pas venue pour élever son public mais pour se mettre en valeur. L'enseignant parle toujours à quelqu'un et doit s'y adapter – et non l'inverse. Sa mission n'est pas l'écoute de son propre savoir mais sa transmission à un public néophyte.

Dans l'esprit de l'autre, nous sommes une image. C'est intolérablement réducteur, mais c'est ainsi. L'image du professeur est l'incarnation de ce qu'il inculque. Elle est le tiers de confiance du savoir qui est transmis.

*

Y a-t-il une « bonne » voix pour enseigner ? Un jeune professeur qui n'avait pas encore trente ans est venu me voir un jour dans mon cabinet. Voix fluette, gestes mal assurés. Il pensait être inexpérimenté et que son timbre était trop aigu pour avoir de l'autorité. Nous en avons longuement discuté. En fait, le problème de sa voix n'était pas qu'elle était trop haute, mais qu'elle laissait transparaître sa crainte. Il ne renvoyait pas l'image d'une connaissance assurée. J'ai connu des sopranos à poigne. Ce qui compte avant tout, c'est d'avoir confiance en soi, car cela se voit et s'entend. Dans ce cas précis, le recours à de l'orthophonie fut particulièrement utile.

Les voix de nos maîtres et maîtresses jouent souvent avec les fréquences graves et aiguës et les mélangent (dans les fins de phrase notamment, usant d'une intonation semblable à celle des questions). Cela doit le plus possible paraître naturel. Par ailleurs, le rythme de leur voix doit être prévisible : comme dans une musique, il faut garder le tempo qu'on a soi-même fixé. C'est quelque chose de sécurisant. Mais ce rythme peut également se nourrir de ruptures dans le fil de l'exposé. La voix doit parfois interpeller pour conserver l'attention et il est assez peu efficace de recourir à la seule autorité pour être écouté. Les silences peuvent permettre de créer de la tension, de même que les pas de côté dans le sujet, l'humour ou les apartés. Tout cela nourrit une relation avec la classe qui participe au dialogue en restant muette. Enfin, par son souffle, ses respirations, le professeur nous dit sans le savoir quelque chose d'essentiel : il ou elle est en vie. Les élèves ne sont pas face à un robot, face à un savoir brut, mais face à une personne qui leur dédie son temps et qui partage leur environnement physique. Si l'on s'endort si facilement pendant les visioconférences, c'est parce que le souffle en est absent, parce que la voix reste toujours sur la même fréquence et le même ton et qu'il n'y a plus de gestes ou de regard qui nous interpellent.

La voix du pédagogue ne doit pas imposer, mais être douce, simple, énergique et parfois complice. Sa signature vocale, assez caractéristique, la rend reconnaissable entre mille autres. Son timbre, son rythme, ses nuances, ses ruptures, ses respirations sont spécifiques. Elle ne cherche pas à convaincre, mais à accompagner les sentiments et la raison, à les faire progresser ensemble et dans une même direction.

*

L'oralité est la base de tout enseignement. Depuis des siècles, les prophètes, les prédicateurs et les orateurs sacrés ont été assez hâbleurs pour laisser une trace du message qu'ils avaient à nous porter. D'ailleurs ce sont souvent leurs disciples, comme le sont parfois les élèves, qui ont pris des notes et retranscrit leur message. Les livres permettent à la voix de continuer de vibrer.

4.

Voix et spiritualité

La transmission du religieux, du spirituel, de la culture, des mythes ou même de la sorcellerie passe par la voix. La transmission orale était indispensable à la transcendance et à la tradition religieuse pendant des millénaires, jusqu'à ce que la vibration divine puisse être gravée dans les tables de la Loi et dans le Livre. La voix a changé de statut, elle a écrit le Livre. On est passé d'un discours autoréférentiel, qui fait lui-même autorité, à un discours dont la référence est un texte écrit. Mais la parole ne reste-t-elle pas la source première ? « Nul ne connaît une culture s'il ne connaît pas la religion qui l'a fait naître » (Mircea Eliade). Ne pourrait-on pas ajouter la Voix qui l'a fait naître ?

Sans la voix, la religion et la spiritualité n'existent pas. C'est avec la voix que l'Homme a également commencé à transmettre ses rêves, ses espoirs. Si l'écriture permet de transmettre d'une génération à une autre, d'un pays à un autre, elle n'est qu'une voix figée dans le texte.

Les vibrations de la voix, les silences, la mélodie ont permis la prière qui est un chant individuel ou collectif. La parole est partout dans le religieux : la parole de Dieu ou des prophètes, les hommes qui prient, qui prêchent, qui professent leur foi. Le mot est non seulement un instrument de transmission, mais également de création. Dans la Genèse, c'est parce que Dieu dit « que la lumière soit », que la lumière est. Le dire *est* le faire exister. C'est parce qu'Il nomme le monde qu'Il le crée. Dans l'espace-temps, d'abord sans matière, apparaissent la Terre, les végétaux, la Lune et le Soleil. La lumière existe donc avant le Soleil ! La lumière, comme les mots, sert à montrer les choses. Elle est le corollaire de la croyance elle-même, qui doit être croyance en quelque chose.

Au moment de la Création, le seul rôle d'Adam est de nommer « tout bétail, tout oiseau du ciel et toute bête des champs » (Genèse 2). Nommer, c'est faire exister. C'est dans le dialogue entre Adam et Ève, dans le rapport à l'autre, qu'émerge une troisième entité : la culture. La voix est la plume de la pensée. Elle part de notre intimité pour se projeter dans le collectif. La voix est une rivière d'allégresse. Elle est l'alliance vibratoire avec le divin.

Le premier mot de la Genèse, *bereshit*, signifie littéralement « au commencement ». Ce commencement, c'est la voix. L'évangile selon Saint Jean (1, 1-2) reprend cette idée : « Au commencement était le Verbe, et le Verbe était tourné vers Dieu, et le Verbe était Dieu. Il était au commencement tourné vers Dieu. Tout fut par lui, et rien de ce qui fut, ne fut sans lui. » La voix crée la réalité. Elle anime le vivant et l'accompagne dans son dernier voyage.

En hébreu, la voix se dit קול, « kol ». Le k (ק), « qof » est symboliquement associé au « singe ». Le o (ו), « vav », est une barre verticale. Il peut être considéré comme une lettre de liaison (« et »). L (ל), « lamed », est la seule lettre de l'alphabet hébreu avec un prolongement vers le haut, représentant l'ascension et l'étude. La symbolique du mot pourrait être la suivante : « Le singe va évoluer vers l'homme par l'étude et la voix. » Dans une relecture philologique, quelle belle définition de l'homme !

Dans le monothéisme judéo-chrétien, la religion s'inscrit dans une histoire. Le peuple est chargé de la transmettre par la voix et les lectures. Parmi elles, celle de Moïse.

Lorsque Moïse était très jeune enfant, Pharaon pensait qu'il était hébreu et n'était pas le fils de sa sœur. Pour s'en convaincre, il avait fait placer devant lui des charbons ardents et des bijoux en or. Le fils d'esclave hébreu aurait dû choisir l'or. Mais Moïse, détourné par la voix de Dieu, choisit de mettre à sa bouche les charbons ardents. Il garda toute sa vie des difficultés d'élocution. Que cela signifie-t-il ? De nombreuses hypothèses ont été proposées que je trouve intéressantes. Celle qui m'est venue à l'esprit est simple : Moïse a entendu directement la voix de Dieu à l'intérieur d'un buisson qui brûle sans jamais se consumer : le buisson ardent. Comme il a du mal à parler, il ne peut pas l'imiter. Il ne peut pas « se prendre » pour Dieu : il en devient le simple messager. Pour que le peuple puisse comprendre ce qu'il veut dire, il s'adresse à son frère Aaron. Ce dernier a une très belle voix, qui porte. Lui, peut s'exprimer devant la foule. Ce filtre entre la parole de Dieu écoutée par Moïse et les mots entendus par le peuple fait qu'il est impossible de la reproduire. Moïse, à qui on a donné le pouvoir d'entendre la voix de Dieu, ne pouvait pas s'en servir directement ! Par ailleurs, du fait de ses difficultés d'élocution, il était dans l'obligation de réfléchir avant de s'exprimer et de transmettre Le Message.

Après avoir fui l'Égypte, il erre dans le désert avec le peuple hébreu. De retour au mont Sinaï, il reçoit les Dix Commandements, ou plutôt devrions-nous dire les Dix *Paroles* (car le terme en araméen est bien *parole*) gravées par la vibration de la voix de Dieu dans la pierre. *L'alliance avec le divin, c'est la parole.* L'arche d'alliance, où sont les textes sacrés, existe parce que Dieu a parlé à Moïse. On regarde la voix figée dans la matière. Elle nous rappelle que tout est parole : « Tu n'invoqueras point le nom de l'Éternel, ton Dieu, en vain ; car l'Éternel ne laissera point impuni celui qui invoque son nom en vain » (Exode 20, 2). Invoquer, c'est parler.

*

La mythique tour de Babel serait à l'origine de la diversité des langues. L'arrogance des hommes, et plus particulièrement d'un homme, Nemrod, voulant se hisser jusqu'au ciel, a provoqué la colère de Dieu. Ce dernier détruisit la tour et condamna les hommes à ne plus pouvoir se comprendre et à parler des langues différentes.

Les langues divisent les hommes mais empêchent par la même occasion qu'un seul homme commande à tous les autres. Il y a là quelque chose d'assez démocratique. La punition des langues permet également aux peuples de bâtir des cultures différentes. Si de l'uniformité naît l'ennui, c'est grâce à nos différences que naît la grandeur de notre créativité.

Les diasporas sont unies par un noyau subsistant de culture qui dépasse leur propre langue qui, elle, se perd parfois. Ce langage réunit un ensemble de valeurs, une conscience d'appartenance à un groupe. Tout cela forme une *vocosphère* : un ensemble d'éléments qui nous entourent et façonnent notre parole et notre culture.

Chez les Inuits, il existe plusieurs mots pour dire « neige ». Chez les Bédouins, ce mot n'existe pas. En chinois, il n'y a pas de futur. Les mots et la langue déterminent jusqu'à notre perception et notre compréhension du monde. Ils sont intimement liés à notre réalité.

*

Dans un temple, le maître des lieux, qu'il soit prêtre, rabbin ou imam, s'adresse à travers les rites à une collectivité qui réagit en tant que telle, par des chants, des prières, des gestes. Les temps de silence sont également des temps de parole, entre le croyant et Dieu.

Chez les catholiques, le pape rassemble par sa parole *urbi et orbi* des milliers de fidèles lors de certaines prières à la basilique Saint-Pierre de Rome. Le catholicisme est la seule religion qui accorde une place si importante à la voix d'une seule « personne », qui incarne l'héritage de saint Pierre, principal apôtre de Jésus. Le développement du dogme de l'infaillibilité papale en est une des manifestations. Cela signifie que le pape est le principal interprète du texte sacré. Sa parole est la continuation de celle des précédents pontifes.

Dans les monothéismes, on croit en un Dieu unique et la notion de vie est intimement liée à celle de spiritualité. Il y a dans la reconnaissance d'une puissance divine un rapport à notre vie. Dans le judaïsme, dont le nom vient d'une région appelée la Judée, ce rapport passe par les lois divines et les commentaires rabbiniques, qui se transmettent par des questionnements et des doutes.

Les textes sont sujets à débats. Être juif, ce n'est pas seulement une religion, mais également une identité. La voix, maître de la transmission, se doit d'être argumentée. Le culte du souvenir est omniprésent. Dans le christianisme, dont le nom vient d'une personne, Jésus-Christ, il y a une transmission d'amour à l'autre. D'où une volonté plus importante de convertir : l'Amour est le rapport de Dieu à l'Homme et de l'Homme à un autre Homme.

Le Coran est un ensemble de paroles de Dieu retranscrites par le prophète Mahomet. Dans le monde musulman, la parole est au cœur de la croyance. La prière est précédée d'un *appel* du muezzin. Le premier pilier de l'Islam, la *chahada*, sorte de « baptême » qui fait entrer dans la communauté, est la profession de foi. Pour se convertir, il faut affirmer trois fois devant témoin : « J'atteste qu'il n'y a pas de divinité en dehors de Dieu et j'atteste que Mahomet est le Messager de Dieu. »

La conception coranique du temps réfute la notion de progrès. Le monde va et vient, mais n'avance pas. La foi doit supplanter la logique. « On affirme en Orient, disait Lawrence d'Arabie, que le meilleur moyen pour traverser un carré c'est d'en parcourir les trois côtés. » L'avenir est seulement dans la main de Dieu et l'avenir est en Dieu.

Dans les religions juive et chrétienne, la foi se transmet d'abord oralement, de génération en génération, depuis Abraham, Isaac et Jacob et jusqu'à Jésus-Christ et ses apôtres. Dans l'hindouisme, l'importance de la voix est peut-être moins évidente. Un dieu unique peut prendre de nombreuses formes et chacun invoque le dieu dans la forme qu'il souhaite. Certains sont connus : Shiva, Vishnu, Brahma, etc. Mais il y en a beaucoup d'autres. Alors que le Dieu des monothéistes n'a pas de forme, les dieux de l'hindouisme s'incarnent. Chaque dieu œuvre à quelque chose de précis : la maladie ou la guérison, la faim ou la satiété, la vie ou la mort.

La réincarnation, en Inde, est l'élément final de la vie, son but. Elle s'appuie sur nos bonnes actions. Il faut faire le bien pour se réincarner en mieux que soi. Il faut faire des prières aux dieux pour avoir leurs faveurs au moment de la réincarnation. Alors que les monothéismes cherchent plutôt à accéder à un monde différent après la mort, l'hindouisme vise la vie après la vie. On ne meurt pas au sens occidental du terme. On vit avec une écorce charnelle temporaire. La vie ne meurt jamais. Elle est éternelle et le corps n'en est que l'habit.

La loi du Karma fait que nos actions nous donnent un bon ou un mauvais Karma, qui nous suit et détermine notre réincarnation. Cela explique que la communauté hindoue soit profondément conservatrice socialement : notre place s'explique par nos actions dans notre vie précédente. Toutes nos paroles doivent respecter cet ordre voulu et par les dieux et par nous-mêmes. Elles déterminent la vie future plus que la vie actuelle, que les voix accompagnent par la prière.

*

La voix est l'élément central de la spiritualité. Elle est le vecteur du divin mais également l'acte divin lui-même. Du chant à la prière, des invocations aux méditations, elle fait vibrer notre esprit, notre souffle de vie, notre âme.

5.

La transmission orale

Dans l'Ancien Testament, Joseph avait le don d'interpréter les rêves (Genèse 41). Exilé en Égypte, il devient le principal ministre du pharaon qui entend tirer profit de ses conseils. Joseph explique un jour au roi, tourmenté par un songe, que le pays connaîtra sept années d'abondances avant que ne surviennent sept années de famines. Des réserves sont constituées. Quand la famine survient, le peuple peut manger à sa faim.

La parole traduit nos rêves au réveil. Joseph les transforme. D'images, il en fait des messages. C'est la parole qui libère le rêve, qui en est le support. Elle n'en est, bien sûr, pas l'unique véhicule ; la peinture ou la sculpture ne disent-elles pas également nos fantasmes ? La parole est le moyen d'exprimer un sentiment, qu'il soit personnel ou collectif, de traduire le rêve en l'ancrant dans un passé qui lui donne du sens. Par ses vibrations vocales impalpables, la parole rend le rêve palpable. Ceux dont nous parle Joseph sont prémonitoires. Nous en avons parfois nous aussi. Nous les taisons car les dire reviendrait à trahir un sentiment trop profond et intime. Mais hors de la parole, le pressentiment demeure.

Les hommes ont parfois besoin de rêves. Les sorciers, les manipulateurs, les prestidigitateurs promettent des rêves inaccessibles en se servant de notre besoin vital de discours. Dans un collectif, le rêve est imposé par l'histoire du groupe et la culture. Le rêve est notre manière de nous projeter dans le monde et nous mettons des mots sur notre futur. Le choc des rêves contradictoires dans la société est comme un duel à mort. De nécessité, il faut que l'autre meure. Le rôle de la politique, c'est de faire cohabiter ces rêves, de trouver un dénominateur commun, de l'hypertrophier au point de cacher le reste, ce qui divise. La réussite politique c'est, comme dit la devise de l'Europe, d'unir dans la différence.

Si certains aimeraient rester toujours dans un rêve, comme Peter Pan, il faut un jour en sortir. Un constat me frappe sans cesse : s'il est difficile de vivre avec nos rêves, il me semble impossible de vivre sans. Sur ce paradoxe repose notre incompréhension de nous-même. Sans rêve, impossible de s'élever, d'avancer, d'avoir l'espoir de cette autre chose qui nous permet d'échapper à la réalité, qu'elle soit tragique ou décevante, plate ou barbare.

Dans le film *Un violon sur le toit* (Norman Jewison, 1971) tiré de la comédie musicale du même nom, le père d'une famille juive ukrainienne, laitier de son état, nourrit l'espoir de marier ses filles. Il voudrait de beaux mariages, qui lui apporteraient la prospérité. Le dénominateur commun de ses rêves, c'est justement cette réussite sociale. Même les velléités successives de mariage de ses filles, l'une avec un Russe, l'autre avec un marxiste, n'empêchent pas ses rêves de lui donner un horizon.

Rêver, c'est ce qui nous permet de sortir de notre monde. Le *Truman Show* (Peter Weir, 1998) nous montre une vie dans laquelle tout est prévu, horizontal, faux et montré à la télévision sous forme de divertissement. C'est au moment où le personnage commence à rêver qu'il comprend que son monde est en carton-pâte. Il entend sa voix résonner sur le décor. Les gens qui regardent le feuilleton de sa vie sont accro à ce divertissement et en sont devenus esclaves – de l'émission et de ses coupures commerciales.

Chez les Amérindiens, on attrape les rêves et les cauchemars avec de petits mobiles, les *dreamcatchers*. Cela permet de les garder quand ils sont beaux ou de s'en débarrasser lorsqu'ils nous tourmentent.

Les rêves et la voix construisent, ensemble, notre tissu culturel. La voix permet aux choses d'exister, car c'est en nommant que l'on crée. Elle pose, par la même occasion, une hiérarchie des choses, des priorités, des valeurs. Par la parole, les hommes essaient de s'expliquer la nature et c'est la parole qui a permis d'unifier les peuples, de cimenter les groupes et ainsi leur permettre d'apprendre, de se coordonner, de s'organiser, de se retrouver. Mais l'humanité n'est pas seulement une question d'apprentissage. Le chimpanzé peut aussi enseigner à ses semblables comment attraper un insecte dans son trou. C'est une approche horizontale du savoir, alors que la transmission par la voix, dans notre bain civilisationnel, est verticale : elle accumule l'information au fil des siècles, la transforme et la projette dans les siècles à venir. La transmission est une stratification. Des couches successives forment une géologie culturelle, qui croît et qui s'érode en même temps. C'est grâce à la voix que nous avons pu transmettre toutes les connaissances accumulées pendant des générations, que nous les avons enrichies et modifiées. La sélection naturelle, telle qu'expliquée par Darwin, consiste dans le fait que certains gènes donnent un avantage en matière de survie ou de reproduction. Ces caractéristiques se répandent progressivement du fait de cet avantage sélectif ou reproductif. Aujourd'hui, cette sélection n'est plus à l'œuvre chez les humains : les caractéristiques biologiques ne nous donnent pas plus de chances de nous reproduire et de transmettre nos gènes. Mais il s'est installé à mon avis dans notre espèce une sélection davantage culturelle, reposant sur la voix. L'avènement d'*Homo sapiens*, d'après la théorie de Darwin, est le fruit d'une succession d'évolutions génétiques reposant sur la sélection naturelle. Aujourd'hui, l'évolution d'*Homo sapiens* n'est (presque) plus anatomique, mais intellectuelle et spirituelle. La voix est le moteur de ce développement. Yves Coppens a montré qu'elle a permis aux Australopithèques de se rassembler et d'apprendre.

C'est par la voix, entre autres, que l'on a pu transmettre les connaissances pour s'adapter à l'environnement (ne pas manger ceci, faire cela en fonction des saisons, et j'en passe). L'espèce a pu continuer d'évoluer en prenant en compte et en agrégeant les éléments du passé. L'espèce humaine a progressé à génétique constante grâce à la voix, qui gouverne notre futur et l'évolution de l'espèce.

D'autres évolutions peuvent s'expliquer par l'épigénétique. La molécule qui entoure les chromosomes (les histones) se transforme sous l'influence de l'environnement, et fait que la cartographie chromosomique finit elle aussi par se modifier. C'est ainsi que les dents de sagesse disparaissent peu à peu, alors que cela n'apporte pas d'avantage sélectif au sens darwinien.

Mais l'essentiel de l'évolution humaine s'explique aujourd'hui à mon avis en grande partie par le langage. En créant des mots, nous conditionnons notre futur. Chaque année, de nouveaux mots sont créés et enrichissent notre vocabulaire.

Selon les cultures, la voix qui domine l'ordre des choses n'est pas la même : le sorcier, la mère, le père, la politique, etc. Les discours qu'ils produisent, qui nous gouvernent, sont déterminants dans l'évolution de la civilisation. Le discours est un rapport à celui qui écoute : pour qu'il y adhère, il faut que nous partagions des éléments de compréhension, c'est-à-dire des structures culturelles. Autrement dit, le discours est intégré dans une époque, selon un axe horizontal. Certaines choses, au contraire, ne s'embarrassent pas vraiment d'un contexte, sont hors du temps, comme les Dix Commandements, les dialogues de Platon ou la logique d'Euclide. Les questionnements sur la vie et la mort, la logique, la physique ou la nécessité d'avoir des lois traversent la civilisation et la structurent, comme une colonne vertébrale. On a attendu l'époque contemporaine pour abolir la peine de mort ou pour forcer les gens à se reposer après la semaine de travail. Pourtant, ces lois sont déjà celles que Dieu avait révélées à Moïse.

La voix rend parfois les choses réelles. On raconte qu'un évêque du sud de la France était un jour atteint d'une maladie neurologique incurable. Les trois médecins ayant posé le diagnostic ne savaient pas comment lui annoncer. Ils décidèrent d'aller voir l'évêque du diocèse voisin, pour lui demander ce qu'il ferait. « Demandez-lui directement ce qu'il en pense », avait-il répondu. Suivant le conseil du ministre spirituel, les médecins se rendirent auprès de l'évêque malade, et lui demandèrent ce qu'il faudrait faire pour annoncer une mauvaise nouvelle de ce type. Ce dernier leur fit une réponse surprenante et pleine de sagesse : « Ne lui dites rien et laissez-le vivre sans ce tourment. » Ils obéirent. Dix ans plus tard, la femme d'un des docteurs croise justement l'évêque dans la rue, et le complimente sur sa remarquable forme malgré sa maladie – dont il ignorait tout. Se souvenant de la scène avec les médecins, il décide de les convoquer. Ils craignent qu'on leur reproche leur choix vieux d'une décennie. Il n'en est rien. « Merci de m'avoir donné dix ans d'espoir », leur dit simplement l'évêque.

La voix est également le moyen de transmettre nos métiers. Elle est l'outil primordial de transmission de tout artisan. Lorsqu'il explique son geste, c'est la substantifique moelle du mouvement qui semble y être contenue, qui devient une évidence. Le geste obéit à l'esprit par les mots.

Lorsque j'étais jeune médecin, mes chefs me rappelaient souvent d'apprendre à écouter ce qu'il y a autour du patient et de ses mots. La poignée de main ne doit pas être un geste mécanique, mais déjà un premier élément d'analyse. Le compagnonnage verbal qui accompagne le geste en chirurgie permet de comprendre que deux situations qui sont en tous points semblables sont en fait différentes. Même dans un métier comme la médecine, aux manuels si épais, la voix reste importante. Celui qui aurait seulement lu tous les livres ne serait pas vraiment un expert, car il ne saurait rien du silence, de l'absence, de l'humain. La voix, au contraire, dévoile, rassure, découvre, projette dans un futur indispensable à l'espoir et à la vie.

6.

De Gaulle, Mitterrand et le sorcier

Le général de Gaulle a eu des voix adaptées à ce qu'il incarnait en fonction des époques. L'Appel du 18 juin 1940, c'est le militaire qui parle à la Nation contre l'ennemi. Dans le discours de 1944, « Paris outragé ! Paris brisé ! Paris martyrisé ! Mais Paris libéré ! », il représente la France et la liberté – sans jamais dire « je ». Lorsqu'il devient président, il n'est plus le libérateur mais le rassembleur. Il cherche l'unité autour de lui. Sa voix est celle d'un tragédien qui s'adapte au drame qui se noue : l'espoir, la liberté, la concorde.

En Mai 68, dans le Quartier latin, Paris est le théâtre de violents affrontements entre les forces de l'ordre et les étudiants. Le 24 mai, le président de Gaulle prend la parole à la télévision, l'air blême, en costume civil. Son apparition et son discours ne suffiront pas. Les manifestations continuent. Mais l'homme d'État, authentique stratège, se réveille. Le 29 mai, le général de Gaulle disparaît pour une destination inconnue. Stupeur au gouvernement ! Dès son retour, le 30 mai, à 16 heures, le Général nous parle. Son allocution est radiotélévisée mais l'écran reste noir. Sans l'ombre d'une hésitation, avec fermeté, le timbre, le rythme, la musicalité de sa voix sont encore présents dans ma mémoire :

« Françaises, Français, étant le détenteur de la légitimité nationale… je ne me retirerai pas… je dissous aujourd'hui l'Assemblée nationale… Quant aux élections législatives, elles auront lieu dans les délais prévus par la Constitution à moins qu'on entende bâillonner le peuple français… qu'on l'empêche de vivre, par les mêmes moyens qu'on empêche les étudiants d'étudier, les enseignants d'enseigner, les travailleurs de travailler… Eh bien non, la République n'abdiquera pas… Vive la République ! Vive la France ! »

Le Général devient une Voix. Il fait de la télévision un dispositif médiatique au-delà de l'image. Cette mise en scène rajoute dans l'inconscient collectif l'empreinte vocale du personnage lui-même qui s'efface devant « la France ». Cette voix résonne, non sans rappeler celle du 18 juin. Il y a l'image du père qui parle au peuple, à l'étudiant, et le remet à sa place. C'est l'ordre face au désordre, à la *chienlit.* S'il continue à servir de repère en tant qu'homme de l'Histoire, incarner le futur est devenu plus difficile. La France coupera le cordon ombilical avec le père en refusant de lui accorder sa confiance en 1969.

La voix de De Gaulle est devenue grave et ferme, rassurante. Elle est précise. Elle reste miliaire et donc assez protectrice. C'est une voix qui met à l'aise et qui est habitée.

Le Général avait une voix beaucoup plus aiguë quand il était jeune. En 2017, l'amiral Philippe de Gaulle m'a confié des éléments absolument étonnants et éclairants à ce propos :

« Il n'appréciait pas [sa voix], qu'il trouvait trop haute de tonalité, mal placée, pas claire et pas assez puissante. Jeune officier, il allait écouter Jaurès à Lille à cause de sa voix, et certainement pas pour ses idées. »

Le Général montait dans les aigus à la fin des phrases. Or, en tant que militaire de carrière, il souhaitait que sa voix impose le respect pour ses subalternes, qu'elle soit grave, celle d'un orateur. Il considérait que la voix était le seul moyen d'exercer une influence sur ses hommes. Il a donc dompté son organe vocal d'une manière aussi méthodique que surprenante : en allant écouter Jean Jaurès, toutes les semaines, à Lille. Après s'être dissimulé au milieu de foules antimilitaristes et socialistes, il remettait son képi et rentrait chez lui pour s'entraîner, des heures durant, à imiter le tribun jusqu'à s'en casser la voix. On a tendance à oublier à quel point la voix pouvait être essentielle pour un meneur d'hommes il y a un siècle. Dans le passé, les chefs militaires et les hommes politiques devaient haranguer des milliers d'hommes sans microphone.

Il fallait que la voix de De Gaulle s'adapte à sa stature et aux circonstances. S'il s'imposait par sa taille, il souhaitait que son timbre et sa fréquence fussent harmonieux avec cette présence physique. Chez un politique, la voix doit prendre aux tripes, faire littéralement vibrer. Les explications techniques ne suffisent pas : il faut des émotions. Il y a des politiques qui savent se faire comprendre quoi qu'il arrive. D'autres n'y arriveront jamais.

Le 18 juin 1940, de Gaulle a cinquante ans et sa voix n'est pas encore celle, éraillée, du vieux président. Elle est nette, combative, fait appel à l'imaginaire guerrier pour galvaniser les auditeurs. En comparaison, la grande conférence de presse qu'il donne en janvier 1964 fait entendre une voix qui rassure et veut convaincre, avec de nombreux et très longs silences qui entrecoupent les mots et qui sont la marque de l'exceptionnelle autorité de l'orateur. Il termine ses phrases en descendant. Il joue avec les graves et passe d'un sujet à l'autre à sa guise comme pour dire : « je dicte le tempo. » Comme souvent avec lui, le discours est très performatif, c'est-à-dire qu'il cherche à construire lui-même la réalité. La France ne *doit* pas être forte, elle *est* forte. De Gaulle crée une réalité dans laquelle le citoyen doit s'identifier.

Sa voix incarne son personnage, on y entend les cicatrices du temps. Cela se traduit par le fait qu'elle déraille parfois, du fait d'une perte de lubrification des cordes vocales liée à l'âge, produisant un son « bitonal » (deux tons, car les deux cordes vibrent en asymétrie). Le général de Gaulle maîtrise parfaitement ses éraillements. À vrai dire, il maîtrise tout ou presque. La dramaturgie est en place, la voix peut gouverner.

Au détour d'un café, j'ai demandé à Jean-Pierre Elkabbach, qui contemple la politique du haut de son demi-siècle de carrière dans le journalisme, de me parler de l'importance de la voix chez ceux qui aspirent aux fonctions suprêmes de la République.

« La télé, assène-t-il pour commencer, c'est un corps à corps. » Rien à voir avec la radio, où le *body language* disparaît et la voix, centrale, se retrouve seule face à plusieurs millions d'oreilles plus ou moins attentives. Sur un plateau télévisé, la voix est un élément parmi d'autres. Combien se sont vautrés dans l'opinion pour des questions de position du corps, par exemple, qui en gigotant trop, qui en ayant une posture trop agressive.

La relation qui s'installe entre l'intervieweur et l'interviewé, ou entre deux invités, relève du rapport de force. « C'était peut-être pas vot'question, mais c'est ma réponse », avait lancé Georges Marchais, alors patron du Parti communiste, à un Alain Duhamel déstabilisé. Chose intéressante, lors des débats, les invités politiques ne s'adressent le plus souvent pas directement la parole. Ils s'évitent, parlent aux journalistes en évoquant l'autre à la troisième personne. Plus que des coqs, ce sont des félins qui font beaucoup de bruit mais s'attaquent rarement frontalement. « Regardez-moi dans les yeux », avait lancé le Premier ministre Chirac au Président Mitterrand. « Nous sommes tous les deux candidats… je ne suis pas votre Premier ministre – Bien sûr, Monsieur le Premier ministre. » La réplique est courte, condensée et cinglante.

Le mode de communication de Mitterrand a bien changé en vingt ans. D'abord, il faut noter une évolution saisissante chez celui qu'on surnommera par la suite « le sphinx ». Il est au départ assez prolixe, ne laisse aucune place au silence. Congrès d'Epinay, 13 juin 1971 : « Celui qui ne consent pas la rupture (la méthode, ça passe ensuite), celui qui ne consent pas la rupture avec l'ordre établi (politique, ça va de soi, c'est secondaire), avec la société capitaliste, celui-là, je le dis, il ne peut pas être adhérent du Parti socialiste. » Des apartés dans les blancs, des précisions en forme de ruptures dans le rythme : tout est fait pour occuper le plus possible l'espace avec la voix. Ne pas laisser d'angle mort à l'auditoire. Lorsque Mitterrand est élu à la présidence, tout change. Il n'occupe plus l'espace par le bruit, mais justement par le silence. Ses prises de parole sont assez rares, le rythme est lent. Et lorsqu'on lui demande en mars 1988, alors que s'agite la tontonmania, s'il sera candidat à sa propre succession, la réponse ne s'embarrasse pas de circonlocutions : « Oui. »

En septembre 1994, Mitterrand est au crépuscule de son parcours politique et de sa vie. Jean-Pierre Elkabbach est chargé d'interroger celui dont l'état de santé déclinant est désormais connu de tous. Le journaliste dirigeait des interviews depuis près de trente ans. Dans sa question, on ne pouvait deviner la réponse. Dans son livre *Les Rives de la mémoire* (2022), il nous rappelle ce fascinant entretien avec le président. La voix du socialiste est monocorde, presque d'outre-tombe, retranchée dans des silences qui semblent à contretemps avec le propos. Au bout de quelques minutes, c'est la décharge d'adrénaline. Ruptures, accroches, tons, repartie : une pulsion de vie traverse de nouveau sa voix, habitée par la fonction. Le poncif dit que le pouvoir maintient en vie, je n'en connais pas de plus bel exemple. Le pouvoir porte sa voix, qui est elle-même véhicule du pouvoir. Et quand le journaliste demande au président, hors antenne, s'il pense pouvoir finir son mandat, ce dernier, presque mystique, lui répond : « Tant que je serai président, je ne mourrai pas. »

Le 2 septembre 1992, un proche de Mitterrand me téléphone : le président, sous traitement pour sa maladie, avait beaucoup de mal à parler. Or, il devait participer à un grand débat politique à la Sorbonne, sur le sujet du traité de Maastricht et face à de coriaces contradicteurs : Jean d'Ormesson et Philippe Séguin.

J'arrive sur le plateau en pleine pause publicitaire. Le président est face à Guillaume Durand, qui relit ses notes. Très aimable, le président Mitterrand me dit, haletant, qu'il a du mal à parler. Sa voix était sourde, soufflée, et n'avait pas l'énergie qu'on lui connaissait. « Le problème, me dit-il, c'est que je pense trop à ma voix et pas assez à ce que je dis. » Mon traitement lui permet de retrouver la forme, voire une certaine euphorie, en une quinzaine de minutes. Il a la force de remonter sur scène, comme un chanteur qui ne fait plus qu'un avec sa voix. Il pouvait redevenir *sa* voix. L'émission a duré entre deux et trois heures.

*

La scénographie de la Sorbonne, comme celle de nombreuses autres apparitions publiques de Mitterrand, nous la devons à un communicant politique et homme de l'ombre que le journaliste François Bazin a surnommé « le sorcier de l'Élysée » : Jacques Pilhan (*Jacques Pilhan, le sorcier de l'Élysée*, 2009). Actif auprès de Mitterrand dès la campagne de 1981, à laquelle il participe en tant qu'employé du tout-puissant Jacques Séguéla avec qui ils lancent la « Force tranquille », il gagne peu à peu la confiance du président. Tacticien redouté de l'opposition, celle-ci en vient même à le recruter en 1993.

C'est Pilhan qui adapte et met en œuvre l'élément de communication politique, ou plutôt devrions-nous dire de non-communication, le plus important des dernières décennies : la rareté de la parole élyséenne. La voix est maîtresse dans ses silences. Exit la présidence bavarde, il faut susciter l'envie. Alors que Mitterrand se montre au départ actif sur tous les terrains et est parfois encore trop proche de son parti, Pilhan veut construire un monarque. Il veut bâtir le mythe d'un président au-dessus de la mêlée, sourd aux sollicitations de la presse, choisissant soigneusement ses interventions. Pour se faire entendre, il faut parler le moins possible. La rareté fait le prix, comme on dit. Dès 1984, il limite ses déplacements et ne passe que deux fois à la télévision dans l'année. Il est moins avare d'ondes hertziennes, car « dans l'imaginaire des Français, dit Pilhan, le président à la radio ça a toujours un petit côté Radio-Londres » (Bazin, 2009). La voix et l'Histoire : cocktail explosif.

La nature du pouvoir est purement verticale, quand les médias et les appareils enferment dans une horizontalité vouée à l'échec. Le sorcier de l'Élysée est un vrai homme de marketing. Il œuvre au relooking du président, contrôle les images et l'éclairage, donne à Mitterrand une place à part dans l'horizon politique des Français. Le pouvoir est désormais « jupitérien ». Cela donnera des idées à d'autres...

En 1993, celui qui veut travailler avec Pilhan, ce n'est non pas le nouveau Premier ministre Édouard Balladur, mais celui qui l'a été de 1986 à 1988 et qui semble alors en pleine traversée du désert, lâché par ses propres soutiens : Jacques Chirac. Balladur est au sommet de sa popularité, contrairement au maire de Paris. Méthodiquement, le futur président et le communicant renversent la vapeur. Pilhan devient faiseur de roi.

Le brio du « sorcier », c'est d'avoir compris l'importance capitale de la voix et d'une mise en scène quasi monarchique. Homme discret, souvent imité sans trop de succès par d'autres conseillers, il aura marqué la politique française. Pilhan était plus qu'un simple communicant. Il ne voulait pas que les mots choisis et la rhétorique dont on usait le fussent pour vendre un produit, qu'on prît une personnalité politique pour une bouteille de shampooing. Il voulait vendre des idées, créer l'accord parfait entre les mots, la voix et la vision de l'avenir en commun. La voix enveloppe, par ses vibrations, l'imaginaire médiatique. Elle vibre encore en nous dans le futur. La force du charisme c'est que la voix s'entende longtemps après, alors qu'elle ne parle plus.

7.

Éloquences de droite et de gauche

À Athènes, les théâtres et les arènes étaient construits de telle sorte qu'on pouvait entendre la voix des acteurs et des tribuns quel que soit l'endroit où l'on se trouvait. Gradins et scène suivaient une architecture mathématique, toute calculée pour accompagner ou renvoyer les ondes sonores. La pierre obéissait à la voix.

Certaines voix ont changé le monde. L'Appel du 18 juin. *I have a dream. Ich bin ein Berliner.* Le sang, la sueur et les larmes. Ces voix, leur discours et leur époque ne font qu'un. Certains orateurs ont également changé notre vision du collectif. Martin Luther King, Robert Badinter ou Simone Veil.

Ces voix sont celles de visionnaires. Elles nous parlent d'agir aujourd'hui et de construire demain, quand d'autres ressassent platement le passé, livresque ou fantasmé.

*

Y a-t-il une voix pour faire de la politique ? *Une* voix, probablement pas. Mais *des* voix, je le pense. Les voix politiques remplissent, sauf exceptions, un cahier des charges plus ou moins entendu. Leur musique n'est pas monocorde, leur rythme est ponctué de ruptures, leur fréquence monte et descend en mélangeant les harmonies aiguës et graves. Ils savent varier les tonalités du discours, entre la force, l'énergie débordante ou le calme rassurant. Plus important peut-être, les fins de phrases fonctionnent souvent sur une sorte de faux ton interrogatif (un peu comme chez les enseignants) pour susciter l'attention. Les silences ponctuent utilement les phrases chocs ou les moments solennels. Le ton de la voix doit refléter une certaine logique pour que le propos semble frappé du coin de l'évidence. *Ce que l'on conçoit bien s'énonce clairement et les mots pour le dire viennent aisément.* Et avec sincérité.

Ces éléments formels ne sauraient expliquer, seuls, la force des grands orateurs et des grandes oratrices. La voix politique, c'est le pouvoir qui s'exprime sous la forme d'une énergie, qui influence l'autre et différencie. C'est le caractère. Un ou une artiste a besoin d'un terrain favorable. On peut appeler cela un don. Mais travailler est indispensable pour exprimer son talent. Il faut également un peu de spirituel pour donner du rêve, et un supplément d'âme pour rendre la personne unique, sincère, authentique, et en faire un aimant vers lequel tous les yeux se tournent. Ce n'est pas différent en politique : il faut travailler et entraîner à sa suite une cohorte de gens portés par la force des mots sans lesquels les idées resteraient dans les ouvrages universitaires d'avant-garde. Une voix qui gouverne, c'est une locomotive, c'est une force qui vous entraîne, vous persuade, vous galvanise.

Dans un dialogue, le silence permet de faire dire à l'autre ce qu'il ne veut pas dire. Les gens ayant, en général, horreur des blancs, un silence posé au bon moment permet d'aspirer la parole de l'autre, de le forcer à s'exprimer. On remplace parfois utilement ce silence par un mot court, comme pour inciter la personne à poursuivre son opération à cœur ouvert : Oui… donc… et… Cette dramaturgie se retrouve au confessionnal ou sur le divan du psychanalyste. C'est un silence qui permet de mieux écouter. Dans ces deux exemples, on ne voit pas le regard de l'autre, sa présence ne se manifeste que par sa respiration et quelques mots.

Face à un public, les silences n'ont pas la même fonction. Ils font monter la tension. Les gens présents connaissent la suite du couplet, mais cette attente les fait vibrer à l'unisson. Ils sont comme portés par ce qui se joue sur l'estrade, dans une vaste communion où s'illustre la psychologie quasi animale des foules.

Les répétitions sont essentielles en politique, comme le refrain d'une chanson. On les connaît mais, comme des enfants, on attend la suite. Des éléments de langage, structurés et précisément ciselés dans les petits bureaux pleins d'affiches d'un QG de campagne, sont répétés à l'envi par une ou plusieurs personnalités dans les médias. Cette mélodie, dont nous connaissons si bien l'air, lorsqu'elle est jouée par une nouvelle personne, vient en quelque sorte confirmer les propos de la personne précédente dans notre mémoire et la réactualiser. Notre cerveau se rattache par faiblesse à cette validation uniquement liée à la ressemblance entre le présent et un passé déjà un peu flou. Comme si, entre-temps, la mélodie avait voyagé dans notre esprit qui l'avait faite sienne en oubliant qu'il s'agit simplement du roulement de tambour d'une marche militaire bien huilée. Cela renforce par la même occasion la crédibilité de celui qui parle. Le discours s'ancre dans le tissu de nos souvenirs. Il rassure celui qui écoute. Il est en pays connu.

Le présent se construit des briques d'un passé réinterprété. De même lorsque nous écoutons une musique que nous connaissons très bien, nous lui accordons notre confiance et elle nous tranquillise. Comme pour la voix, le problème et le sublime de la musique sont simples. Un objet ou une image tiennent en un seul plan de l'espace et de la représentation mentale que nous nous en faisons. La voix, elle, est vibrations. Elle dépend de l'espace et du temps. Écouter un morceau ou un discours c'est déjà être dans le passé, la marche arrière est impossible. Ce n'est pas comparable avec le fait de regarder une peinture ou une photo. Ce serait comme faire un gros plan avec une caméra sur un détail du tableau, puis se déplacer vers le détail suivant, et balayer de cette manière la totalité d'une toile sans jamais l'embrasser dans sa totalité. Ce n'est que lorsqu'on connaît la voix qui parle, le concerto ou la symphonie qui se joue, que les détails isolés construisent une cohérence d'ensemble dans notre esprit et que l'on peut les apprécier, les savourer en attendant le prochain élément qui, parce que nous le connaissons, nous rassurera, nous fera vibrer, nous enchantera. On aime rarement un opéra la première fois qu'on l'écoute. Dès lors que la voix nous mène dans un pays connu, elle nous rassure.

*

La rhétorique n'empêche pas la sincérité. Les artifices de l'éloquence peuvent servir à mettre en valeur nos convictions profondes. On ne peut donc pas dissocier le « beau parleur » et le militant aux idées chevillées au corps. Les figures de style servent la pensée et le propos. Les gestes leur donnent la sincérité du « regard de la voix ».

Lorsqu'une personnalité politique n'est pas habitée par ce qu'elle dit, n'est pas sincère, cela finit par se voir. Inversement, quelqu'un de sincère peut donner l'impression de ne pas l'être. Cela se joue non seulement dans l'éloquence – on sait depuis Cicéron qu'avoir raison n'est pas suffisant pour convaincre – mais également dans l'empathie, dans la volonté de transmettre, qui facilite le passage du message à l'image associée à celui-ci dans le cerveau. L'autre, qui écoute, ne doit pas être un faire-valoir. L'homme politique délivre un message (le signifiant) pour transmettre des idées ou proposer des actes (signifiés). Si le signifiant et les signifiés ne sont pas solidement liés par la cohérence du dire et du faire, si la gestuelle (le *body language*) n'est pas en phase, alors la voix joue faux et dessert celui qui parle.

Se joue en politique (ou dans les affaires) un mélange de jeu d'acteur et de vérité. Les grands escrocs doivent avoir l'air sincères, sinon ce ne sont pas des escrocs. Ce sont de brillants acteurs de la comédie humaine. Cependant, l'escroc finit souvent par croire à ses mensonges et devenir son propre pygmalion. L'authenticité connaît ses limites, pas le mensonge.

Il y a une différence fondamentale entre le politique et le diplomate (ou n'importe quel technicien de l'État). Le politique veut rallier à une cause, à un pouvoir. Il s'adresse au peuple pour créer ce pouvoir, pour gouverner. Le diplomate, au contraire, a une relation individuelle et empathique avec son interlocuteur, presque complice (ou faussement complice, peu importe). Il s'inscrit dans un vrai dialogue.

Kofi Annan (1938-2018), secrétaire général des Nations unies de 1997 à 2006, avait une voix douce, sincère, sage mais ferme. Une main de fer dans un gant de velours. Ses silences étaient remarquables. Il y avait, dans ses mots, une sorte de loyauté à des idées bien supérieures à lui, une empathie pure avec le monde. Son timbre était grave et profond. Ses discours sur l'Afrique n'avaient pas vocation à servir son image, mais à servir les autres, l'universel. Il négociait, parlait ou s'engageait pour le collectif. Il renvoyait, plus que beaucoup d'autres, l'image de quelqu'un exceptionnellement humaniste.

Le rapport de la voix au pouvoir a quelque chose de fascinant. Nelson Mandela (1918-2013) est un exemple remarquable. Ses gestes, ses mots, ses intonations : tout chez lui en faisait un *leader* naturel. Dans ses discours, Mandela s'identifiait à son pays et était traversé par le pouvoir auquel il aspirait. À la minute où il a quitté la présidence de l'Afrique du Sud, sa voix s'est éteinte. Sa mission était accomplie. Par fatigue, certainement, mais également parce qu'il était passé du côté de la narration plutôt que de l'action. L'énergie de ses vibrations n'était plus vraiment là. Le pouvoir ne vivait plus à travers lui. Après sa démission, en 1969, le général de Gaulle n'a plus fait d'apparition publique. Aurions-nous entendu une voix différente de celle que nous avions connue ?

Ce n'est pas sans raison que les Allemands appellent Angela Merkel *mutti*, c'est-à-dire « maman ». Sa voix est calme et ronde. Elle n'abuse pas des aigus et suscite immédiatement le respect. Elle n'est pas là pour agiter les foules, mais pour les rassurer, les protéger. Rien à voir avec Eva Perón, femme politique de premier plan et épouse du président argentin Juan Perón, après la Seconde Guerre mondiale. Sa voix légèrement éraillée cherchait au contraire à faire vibrer son auditoire.

La voix de Donald Trump est une sorte de cacophonie maîtrisée. Il monte dans les aigus rapidement, peut y rester pendant de longs moments, et descendre tout aussi vite dans les graves. Ses ruptures de tons sont souvent à l'image des ruptures dans le discours et des changements de sujet.

Avec Barack Obama, c'est l'inverse. Lorsqu'il était candidat et président, sa voix était très solennelle, constante, habitée d'une énergie extrême, d'une motivation, d'une confiance en soi, toutes tendues vers le point limite qu'était le pouvoir. Si on écoute ses prises de parole récentes, cela est assez saisissant. Dans ses conférences ou ses interventions télévisées, on ne retrouve plus l'énergie empathique et passionnée à laquelle il nous avait habitués. Sa voix semble désormais plus monocorde. Sa voix avait-elle besoin d'une mission pour vibrer ?

Le règne de la reine Elisabeth II a été marqué par une très grande parcimonie dans ses prises de parole. En soixante-dix ans de règne, elle a seulement parlé cinq fois face caméra. Pourtant, l'engouement des

Britanniques autour de ses jubilés et anniversaires ou lors de ses funérailles témoignait d'un profond attachement et d'une grande admiration pour la souveraine. C'est par la distance et en se passant en grande partie des mots qu'elle a su créer son autorité sans pouvoir. Au point que le monde en était réduit à interpréter la couleur de ses chapeaux pour imaginer son opinion. Avant elle son père, George VI, avait eu un rapport conflictuel à sa propre voix. Il pouvait chanter et crier normalement, mais parler sans bégayer lui était impossible. Le film *Le Discours d'un roi* (Tom Hooper, 2010) montre le cheminement de cet homme et de sa voix. Grâce à un orthophoniste australien peu orthodoxe, il parvint à prononcer à la radio le discours d'entrée en guerre du Royaume-Uni en 1939. Il dépassa le blocage de sa voix notamment en se projetant dans les gesticulations de chef d'orchestre de son orthophoniste, avec qui il resta ami par la suite.

Plus de cent ans après sa mort, l'éloquence de Jean Jaurès reste un modèle pour un grand nombre de personnalités politiques françaises. D'abord porte-parole des grévistes de Carmaux puis député socialiste, Jaurès se fera également porte-voix du pacifisme en France. Contrairement à l'image d'Épinal du tribun qui harangue la foule, à la manière de Savonarole, Jaurès était davantage dans l'échange avec son auditoire et adaptait son ton et ses mots aux arguments et contestations qu'il recevait. Chez Jaurès, point de gesticulations. Voici ce que l'écrivain Jules Renard dit des mouvements de l'orateur du Tarn, dans son *Journal* : « Des gestes courts – Jaurès n'a pas les bras longs –, mais très utiles. Le doigt souvent en l'air pointe l'idéal. Les poings pleins d'idées vont se choquer quelquefois, le bras tout entier écarte les choses ou décrit la parabole du balai. » Quant à sa voix : « Une voix qui va jusqu'aux dernières oreilles, mais qui reste agréable, une voix claire, très étendue, un peu aiguë, une voix non de tonnerre, mais de feux de salve. Une gueule, mais le coup de gueule reste distingué. » Le communiste Ferdinand Bierjon nous parle quant à lui de la capacité de Jaurès à moduler sa voix : « Aux premières paroles, un débit paraissant hésitant, le geste, monotone, de la main droite, coupant l'air verticalement, étonnèrent tout d'abord l'assistance. Mais, petit à petit, la voix prit de l'ampleur, tantôt nuancée, tantôt puissante (d'une puissance extraordinaire) et légèrement teintée de l'accent musical des Cévennes. Le charme opérait vite et l'effet devenait prodigieux » (« Jean Jaurès à Montluçon », issu du journal *Le Populaire* du 1er août 1947). On comprend l'intérêt du général de Gaulle pour le natif de Castres.

Avant le micro, les tribuns étaient des acteurs, esclaves de leur voix pour faire de la politique. Il fallait se faire entendre le plus loin possible. Aujourd'hui ce n'est plus le cas et les envolées de Malraux paraîtraient bien décalées. Le micro est, en cela, un outil très démocratique.

Joe Biden, dont la voix, calme et rassurante, ne porte pas très bien, aurait-il pu être président il y a cent ans ?

*

Je me suis souvent posé la question de savoir s'il existait des voix de droite et des voix de gauche. Les idées ont-elles une influence sur notre manière de parler ?

On pourrait penser que la voix de droite cherche la verticalité, le *leadership*, à parler en patron, à la première personne, sacralisant l'individu. De même pourrions-nous croire que la voix de gauche cherche l'horizontalité, parlant au nom du collectif, fondant la personnalité de l'orateur dans le sens de l'Histoire, « le peuple » des romans de Zola, « les gens » des discours de Mélenchon.

Il est vrai que le peuple mythifié est une référence importante des tribuns de gauche, quand ceux de droite doivent donner l'impression d'être là par l'évidence, presque de droit divin comme les monarques des temps anciens.

J'aimerais pouvoir affirmer que le timbre de la voix de droite est un peu plus aigu, plus définitif ou patriotique et proche d'une dimension spirituelle, quand celle de gauche serait davantage inspirée par la culture et l'universel.

Mais la pratique est bien éloignée de la théorie. Combien de gens de droite ont invoqué la « majorité silencieuse » ? Combien de gens de gauche ont assumé le culte du chef ?

De Gaulle, par exemple, mélangeait beaucoup deux modes d'expression : il parlait de la France comme d'un collectif, mais personnalisait énormément la fonction – comme Mitterrand après lui. C'est peut-être cela, la marque des grandes personnalités politiques : avoir une voix qui ne rentre pas dans une case, avoir *sa* voix qui se joue des registres rhétoriques et s'amuse sur les chemins de traverse. La distinction des éloquences est de moins en moins sensible avec les médias, qui ont beaucoup joué avec l'image et le direct, les idées et un *storytelling* qui laissent les tribuns sans voix.

La voix a une puissance énorme dans les périodes les plus difficiles. En parlant, le chef représente le bouclier du pays, la protection du peuple, mais également l'attaque, l'offensive contre l'ennemi identifié. Le leader n'a pas le droit d'avoir peur. Il doit nous parler de l'avenir et son discours doit être performatif, c'est-à-dire dicter ce qu'est la réalité. Après les attentats du 11 septembre 2001, George W. Bush ne dit pas à l'Amérique qu'elle *doit* être forte, mais qu'elle *est* forte.

Cette performativité du discours, c'est ce qui fait à mon avis l'essence verticale du pouvoir et son côté presque spirituel. Cette spiritualité, religieuse ou non, est indispensable chez les politiques : s'il n'y a rien au-dessus, c'est que nous voulons le pouvoir pour nous-mêmes.

Les politiques ont besoin d'avoir de l'empathie (pour transmettre), de l'expertise (pour argumenter), du charisme (pour subjuguer) et du charme (pour séduire). Nous voulons les croire, les aimer, les suivre, les détester, les confronter. Dans cette arène qui semble n'avoir plus vraiment de limites, la voix est leur glaive et leur bouclier.

8.

Le dictateur

Le génial excentrique Salvador Dalí était passionné de musique. Souvent associée à l'érotisme ou à la notion de temps, sa représentation de la musique était à la fois sonore et visuelle, ainsi qu'en témoigne sa contribution à des décors de ballets comme le *Tristan Fou* (1944) de Leonid Myasin, sur le thème du célèbre opéra de Wagner, *Tristan et Isolde* (1865).

Dalí adorait peindre en écoutant de la musique dans son salon. Il considérait les notes comme des couleurs. À chaque note correspondait une ampoule. Dans une ambiance psychédélique, un orchestre de lumières jouait le révolté Beethoven, l'exubérant Erik Satie, l'orageux Wagner. Toutefois, dans cette cacophonie de lumières, une lampe orangée ne s'allumait jamais.

Un jour d'automne, Salvador Dalí décide de placer sur son phonographe le disque d'un discours d'Hitler. Sous l'effet de son timbre perçant, suraigu, agressif, de sa voix stridente dans laquelle voyelles et consonnes s'entremêlent, la lampe s'est allumée, comme électrisée par ses harmoniques et ses fréquences. Quelles caractéristiques rendaient cette voix si spécifique ?

Tout discours est une musique porteuse de mots. Il fait non seulement appel à notre système perceptif mais aussi à nos émotions, avant d'être, dans un second temps, un sujet de notre analyse. Le tribun s'adresse donc d'abord à notre cerveau reptilien puis à notre raison. Ce laps de temps, cet intervalle vibratoire de moins d'une seconde est, à mon avis, tout à fait capital. C'est dans cette durée que se trouve la source de l'influence impressionnante de la voix. La voix d'Hitler, trop forte, scandée et aigre, toute de vibrations suraiguës et constamment en ruptures, nous fige et provoque une réaction primaire de cette partie archaïque du cerveau située à la base du crâne. Il ne parle pas à des hommes et des femmes, mais à des mammifères pavloviens, à une aire cérébrale dans laquelle nos pulsions dominent.

Hitler s'adresse aux foules. Il utilise essentiellement sa voix de tête, qui monte progressivement à chaque nouvelle phrase. Ce crescendo électrisant s'accompagne d'une accélération du flux de parole. À chaque phrase, son auditeur est tétanisé, subjugué par la forme du discours. L'abjection terrifiante de ses mots n'apparaît que dans un second temps, tant elle est noyée dans cette voix angoissante et démoniaque. Je n'en connais pas de plus prédatrice. Ses discours sont des vociférations nauséabondes orgasmiques. Il s'écoute lui-même, véritable hystérie diabolique, dans une quasi-jouissance dont il devient l'esclave.

Plus que les mots, c'est la mélodie de la voix qui nous gouverne, nous envoûte, nous hypnotise presque. La voix est l'énergie du dictateur. Ses mots en sont les maîtres à danser, ils pilotent. Cela s'explique par les différentes étapes que nous traversons en écoutant quelqu'un parler : entendre, ressentir, comprendre.

Une voix entendue est d'abord ressentie, au niveau du cerveau reptilien, avant d'être analysée par notre raison. Précisons de façon schématique que le cerveau est organisé en trois niveaux selon la célèbre théorie de MacLean. Le premier, le tronc cérébral, est le cerveau ancestral, dit reptilien. Il gère la conservation de l'espèce et les réflexes primaires de survie. Le second est le cerveau limbique, centre des émotions, de la mémoire, du stress. Le troisième est formé par le cortex, qui est, entre autres choses, centre du langage et de la logique. Le cerveau reptilien réagit aux pulsions. La voix a beau être le propre de l'humain, elle nous ramène toujours à notre condition première de mammifère. Nous répondons à des stimuli réflexes. Pavlov a démontré ce comportement conditionné. Tchakhotine, dans son livre *Le Viol des foules* (1939), s'appuyant sur la théorie des réflexes de Pavlov, développe l'idée selon laquelle gouverner nécessite de faire appel à l'une des quatre pulsions majeures de l'être humain. Deux participent à la conservation de l'individu : l'agressivité et la satisfaction matérielle. La pulsion de survie et de peur fonctionne comme un réflexe conditionné. Les deux autres, désir sexuel et amour parental, permettent la conservation de l'espèce. C'est la logique du plaisir et de la protection (loisir, confort, transmission). « Du pain et des jeux », telle était la devise des tribuns romains.

Le pouvoir de la voix des dictateurs, des leaders, des religieux, des politiques ou encore des avocats est de faire appel à nos pulsions, à nos réflexes primaires, à notre personnalité profonde. Le dictateur court-circuite le discernement. Il l'anesthésie pour faire ressortir l'émotion qui, contrairement à la raison, est aisément manipulable. Ce pouvoir dangereux est assez imperceptible. Les extrémistes sollicitent nos émotions, entretiennent notre peur, exaltent notre appartenance à un groupe fantasmé qu'il faudrait conduire à la victoire. Hitler en est l'exemple évident. Il entraîne un collectif, pas des individus.

La voix peut être une arme de manipulation massive. Surtout quand elle s'appuie sur nos pulsions primaires et qu'elle est relayée par quelque quatre millions de postes de radio qui la diffusent presque sans discontinuer, comme c'était le cas dans toute l'Allemagne, des villes aux campagnes, dans les années 1930. Les cadres du Reich avaient compris l'importance des ondes. Cette harangue hitlérienne s'est propagée de manière exponentielle, au point qu'en 1943, on comptabilisait seize millions de postes de radio en Allemagne. Comme nos oreilles n'ont pas de paupières, il était difficile de ne pas entendre, de ne pas s'exposer à cette hystérie collective extravagante. Dans *Mein Kampf*, Hitler reconnaît lui-même ce talent oratoire, apparemment très précoce chez lui. Dès sa première réunion publique, en 1919, il aurait gardé la parole pendant trente minutes : « Et ce que j'avais simplement senti au fond de moi-même, sans en rien savoir, se trouva confirmé par la réalité : je savais parler. »

Hitler se nourrit de la foule, comme les autres dictateurs. Le groupe fonctionne comme un ensemble de pulsions individuelles qui se renforcent mutuellement. L'individu se sent reconnu et protégé par l'ensemble auquel il appartient. Si le groupe est puissant, il sera puissant. Les neurones miroirs fonctionnent en synergie : l'autre devient presque moi. Le discours nazi, protégé par sa propre foule, se galvanise lui-même. Il n'existe plus qu'une seule identité, le *Führer*, dont le miroir est le *Volk*.

Jeune enfant de chœur, Hitler aimait chanter. Sa volonté de devenir artiste plutôt que fonctionnaire, comme le voulait son père, lui a permis d'étudier l'art du théâtre et du chant. Sa passion pour Wagner l'a sans doute conduit à jouer de la musicalité de sa voix, de son timbre qui oscille entre *fortissimo* et *pianissimo*, entre *presto* et *adagio*. Il avait parfaitement intégré que la musicalité d'une voix était parfois plus puissante que les mots eux-mêmes.

Chaplin l'a magnifiquement bien décrit dans son film *Le Dictateur*, sorti en 1940. À travers le personnage du dictateur Hynkel, Charlie Chaplin pastiche les discours d'Hitler. Dans la scène initiale, Hynkel parle une langue créée de toutes pièces, qui n'a aucune signification mais reproduit les sonorités de l'allemand. La déclamation, la diction, le rythme ou le souffle sont ceux d'Hitler. Si l'on ne connaît pas l'allemand, on est comme dupé pendant quelques instants par le réalisme de la farce. Le timbre est strident, hystérique, aigu. Hitler/Hynkel dilate et corrompt le discours et le signifiant. On ne donne pas de sens au mot. À l'inverse, la scène finale substitue le petit barbier juif au dictateur, pour communiquer un message encore d'actualité de nos jours avec une profonde sincérité et une émotion qui crèvent l'écran.

Notons chez Hitler la profonde ambiguïté entre la voix et la parole. Il s'apparente à un chanteur d'opéra (*Vox populi, vox dei*, Michel Poizat, 2001). Le début des discours du tyran est marqué par un mezzo voce, ténor ou contre-ténor, et un crescendo. Le registre de l'artiste lyrique est en place. Mais à défaut de vocalises harmonieuses, nous écoutons la raucité chaotique des vociférations aiguës qui s'entrechoquent. Plus il monte dans les aigus, moins les mots sont audibles et donc compréhensibles. Les voyelles disparaissent au profit d'onomatopées indistinctes.

En spectrographie acoustique, l'analyse des fréquences montre un ensemble de courbes spécifiques pour chaque type de son. Mais au-dessus de 660 Hz (c'est-à-dire le Mi 4), on ne peut plus distinguer les voyelles les unes des autres. Cela est crucial, à mon avis, pour comprendre la voix des dictateurs. Un chanteur sera beaucoup plus compréhensible si les fréquences émises sont en dessous de 312 Hz, zone d'intelligibilité optimale de l'écoute, bien connue de celles et ceux qui portent une prothèse auditive. « Autrement dit, l'art du chant est un compromis permanent entre deux exigences contradictoires : la continuité de la voix et de la ligne musicale d'une part, la discontinuité structurelle du signifiant d'autre part » (Nicole Scotto di Carlo, « Pourquoi ne comprend-on pas les chanteurs d'opéra ? », *La Recherche*, n° 89, mai 1978).

Si, chez l'orateur politique, le verbe doit prédominer sur la prosodie, ce n'est que très rarement le cas chez le dictateur, et encore moins avec Hitler qui en est une caricature. Les applaudissements ponctuent la musique de la voix et non les mots. Le tribun romain Caïus Gracchus (154 av. J.-C. – 121 av. J.-C.) passionnait la foule, maîtrisait parfaitement le rythme, les silences et les intonations de son discours. Le plus souvent, un joueur de flûte l'accompagnait et ponctuait ses exposés (G. Hacquard, J. Dautry, O. Maisoni, *Guide romain antique,* 1952).

Otto Strasser, qui connaissait bien Hitler, ne dit pas autre chose : « Il maniait en réalité très mal les arguments puisés chez des théoriciens dont il ne comprenait pas toujours le raisonnement. Lorsqu'il voulait donner une certaine cohérence au sens de ses paroles, son discours était d'une lamentable médiocrité. En revanche, dès qu'il y renonçait et qu'il se jetait à corps perdu dans des vociférations n'exprimant que les sentiments confus de la crainte, alors il devenait l'un des grands orateurs du siècle. » (O. Strasser, V. Alexandrov, *Le Front noir contre Hitler*, 1968.)

Hitler se sent investi d'une mission : l'Allemagne. Il veut redorer son blason après l'humiliation de 1918. Sa voix, qu'il travaille, est sa principale arme. Ses gestes sont synchronisés à sa voix. Les mouvements habillent son discours tout comme le salut qu'il a imposé. Il se sert des morts disparus d'Allemagne pour faire porter sa voix au-delà du réel et du temps. Cette évocation a un effet psychologique extrêmement fort. Il parvenait à susciter la honte d'un peuple de n'être pas à la hauteur de ses aïeuls pour faire appel à son honneur censément perdu.

Il gouverne le groupe en faisant appel à des images connues et sécurisantes, avec une mélodie et des silences qui questionnent mais dont la réponse est immédiate.

Face à cette voix-là, nous sommes tous des chiens de Pavlov. Seule compte l'intonation. Dites quelque chose d'hostile à un chien avec une voix rassurante, il se laissera caresser. À l'inverse promettez mille caresses et friandises en hurlant de colère, votre animal de compagnie s'éloignera. De même, nous comprenons l'humour ou l'agressivité dans des langues étrangères que nous ne parlons pas. C'est donc le timbre de la voix qui est primordial. S'il est triste, elle devient pathétique. Trop joyeux, elle devient désinvolte et perd en crédibilité. Trop aigu, elle irrite. Mais alors quelle est la voix idéale pour gouverner ? Il y a comme un code, différent en fonction des pulsions que l'on cherche à gouverner. Pour prendre le pouvoir, il faut jouer de séduction, de charisme, ou de peur. La crainte est le moteur ancestral dont les religions se sont saisies depuis les origines, promettant l'enfer à ceux qui oseraient désobéir. Dans nos démocraties libérales, il s'agit davantage de convaincre, persuader la majorité pour être élu. Convaincre, c'est sélectionner soigneusement les mots et leur musicalité pour capter l'attention, nous piéger, nous séduire.

Dans le régime communiste chinois durant la Révolution culturelle, la voix avait quelque chose d'une persécution. Les discours fleuves du président étaient la voix du Parti. On y retrouvait les pulsions primaires que sont la peur et l'alimentaire. Il n'existait aucun débat. La critique était devenue un ennemi de la nation. La conscience individuelle disparaissait au profit du Parti. « La pensée était entravée par une surveillance mutuelle et un travail physique extrêmement lourds. La seule et unique pensée que le Parti autorisait était celle du dirigeant suprême » (G. Xingjian, *Le Livre d'un homme seul*, 2000). Ces quelques mots de Xingjian nous donnent l'importance de la voix par rapport à la pensée. « Plus tard, vous avez appris à vous dissimuler derrière un masque et à enfouir au plus profond de vous les paroles que vous ne vouliez pas effacer. »

Dès le petit matin, des haut-parleurs diffusent des chants révolutionnaires, le discours du chef, et réveillent les « camarades ». Les adresses à la Nation sont interminables, comme celles de Fidel Castro. Ces voix ont métamorphosé la vision de la Chine et de Cuba par leur population – certes de façon différente du fait de racines culturelles différentes.

*

Une expérience de soumission à l'autorité a été conduite par une équipe du psychologue américain Stanley Milgram aux États-Unis entre 1960 et 1963. Ce test cherchait à connaître les limites de l'obéissance, savoir jusqu'où un individu pouvait aller dans la soumission par la voix, sous les ordres d'une hiérarchie, qu'elle soit scientifique ou militaire.

Le sujet volontaire est aux commandes d'un appareil qui permet de donner des décharges électriques à une chaise, sur laquelle est sanglée une autre personne, un comédien engagé pour les besoins de l'expérience. Le sujet n'est pas informé que les décharges sont factices. Il a pour ordre d'électrocuter l'autre personne chaque fois qu'il commet une erreur dans la mémorisation d'une suite de mots que lui dicte un enseignant, lui aussi complice. Les fausses décharges électriques, de plus en plus fortes, sont déclenchées par le sujet, qui les pense vraies. Bientôt l'acteur se tord de douleur et supplie qu'on arrête l'expérience.

L'expérience de Milgram est reproduite dans le film *I comme Icare* d'Henri Verneuil (1979), dans lequel le procureur, interprété par Yves Montand, en résume les résultats effrayants : « 63 % des sujets sont obéissants, c'est-à-dire qu'ils acceptent totalement le principe de l'expérience et vont jusqu'à 450 volts… ce qui signifie que dans un pays civilisé, démocratique et libéral, les 2/3 de la population sont capables d'exécuter n'importe quel ordre provenant d'une autorité supérieure. » Paradoxalement, alors que la personne attachée à la chaise hurle de douleur, l'émotion n'intervient pas. L'esprit cartésien commande, la démarche scientifique justifiant tout. La voix cartésienne est souveraine, elle exerce un pouvoir immense. Pour légitimer leurs abus, prétendre qu'ils ont conquis le pouvoir pacifiquement sans avoir eu recours à la violence physique, les tyrans trouvent de nombreuses justifications. En vérité, la violence de la voix conduit à un véritable viol psychique, par l'excitation des réflexes primaires de la foule.

Pour comprendre la voix du pouvoir, il est nécessaire de revenir à Pavlov. Lorsque je vois un aliment, je me prépare à le manger ; avant même de le saisir et de le porter à ma bouche, mon cerveau me fait saliver. De la même façon et par analogie, lorsque j'entends l'ordre d'un supérieur hiérarchique, mon premier réflexe est d'exécuter cet ordre. L'obéissance, comme le fait de saliver, est un réflexe conditionné, c'est-à-dire une réaction presque mécanique de l'organisme à une situation donnée. Cela est différent des pulsions primitives, pour lesquelles le système nerveux central transmet et coordonne l'excitation et ses effets, avec un rôle décisionnel. Le réflexe nécessite un apprentissage répété. La subordination survient si la parole, l'ordre ou la voix frappent un mécanisme psychique déjà façonné. Le sucre que l'on donne au chien pour le dresser participe de ce conditionnement. L'ignorance, le manque d'éducation et d'expérience des individus en font des cibles idéales sur lesquelles l'emprise peut s'exercer plus facilement. Le dictateur se sert du collectif pour anesthésier la pensée individuelle. L'individu n'est plus responsable. C'est le groupe.

*

Outre la voix du meneur, du dictateur, la propagande a besoin d'images, de chants, de cris de ralliement, d'un salut particulier ou d'un drapeau. Ces rites et symboles sont des signes de reconnaissance entre individus qui appartiennent au même groupe, à la même communauté, et constituent leur ancrage psychologique collectif, mettant à l'écart l'individu responsable de ses actes. C'est là l'origine de toutes les dérives. Cela se retrouve chez les fanatiques religieux et les extrémistes en tout genre.

Le symbole marque son territoire, il impose sans expliquer. Il est le code du groupe. Il se sert de la pulsion collective, récupère l'hystérie des foules pour la canaliser, la diriger. La violence et l'agressivité des discours se transforment en pouvoir, en acte.

Les tribuns d'envergure ont beaucoup recours aux symboles et aux pulsions, même en démocratie. La voix de Barack Obama s'adresse à la psychologie des plus fragiles, recoupant la pulsion nutritive (ou matérielle) et la pulsion parentale. Il attise la fierté de l'individu qui, uni aux autres, peut tout réaliser : « *Yes We Can.* » De la même façon, la voix de Martin Luther King fait appel à la pulsion parentale, associée à une dimension spirituelle. « *I have a dream... my children...* » Dans un autre registre, le pape Jean-Paul II veut aussi rassurer : « N'ayez pas peur. » Ici encore, c'est la dimension parentale du discours qui est à l'œuvre.

Pour gouverner le groupe, le leader doit créer les conditions de l'adhésion à une cause, à une raison collective à laquelle on s'identifiera. Sa voix doit invoquer des images connues et rassurantes, avec une mélodie et des silences qui questionnent mais dont la réponse est attendue par l'auditoire pour le conforter et le réconforter. La voix des leaders, des politiques, des journalistes ou des médias se doit d'être comprise par tous, quels que soient le statut social, l'éducation ou le niveau intellectuel de celui qui écoute.

L'écrin des mots est le timbre vocal. Les mots ont un rôle indéniable de communication ou d'instrument de la pensée. La voix décuple leur force et leur puissance. Le mot a plusieurs interprétations possibles. Son sens peut être différent selon les locuteurs. Il est parfois équivoque et crée un *mal-entendu.* Cette force de la voix, offrant plusieurs interprétations, est la source permanente de la créativité de l'Homme, mais aussi de son pouvoir. Le mot est pétri, agité et manipulé par la musique de la voix. Il influence, convainc ou trompe, commande ou piège. La voix impose ce pouvoir à l'individu, au collectif, et même à celui qui parle.

9.

Les artistes de la voix

La voix peut-elle être un acteur à part entière ? Dans *Cyrano de Bergerac*, elle l'est. La pièce requiert, de la part du comédien, une maîtrise exceptionnelle de l'instrument vocal. Avant que Cyrano n'apparaisse, c'est sa voix que l'on entend ; elle s'impose déjà comme le maître du jeu quand Montfleury, désemparé, cherche tant bien que mal (et surtout mal) à jouer Phédon sur les planches d'un théâtre. « Coquin ! » (Acte I, Scène III), lance l'homme au nez que le public ne voit pas encore. Cette drôle de manière d'entrer en scène captive son public, celui à l'intérieur de la pièce (Cyrano raconte aux acteurs sur scène ce qu'il se passe) et le vrai public dans la salle (qui écoute la pièce dans la pièce). Edmond Rostand manie les mots avec une virtuosité déroutante. Cyrano leur donne vie par le rythme, le timbre, l'intensité, la hauteur, la présence.

Dans la fameuse tirade du nez, c'est encore la voix et le talent du comédien qui donnent toute son épaisseur au texte. Le ton est à la fois belliqueux, interrogatif, presque amical ou emphatique, respectueux, puis cinglant. L'intonation, la mélodie, le débit, le rythme sont différents à chaque phrase. Cyrano subjugue le public, s'enivre même de ses mots. L'acteur devient l'instrument de ces vers, alors qu'il les domine. Il manie les mots comme l'épée, et à la fin de l'envoi, il touche ! *Cyrano* est un défi vocal pour tous les comédiens que j'ai connus, que ce soit Jean-Paul Belmondo, dirigé par mon ami Rober Hossein, Gérard Depardieu ou Jacques Weber, chacun avec sa signature… et quelle signature !

La scène du balcon est le point culminant de la pièce et de la performance vocale. Héros et poète, Cyrano est secrètement amoureux de Roxane, mais se trouve trop laid pour le lui avouer. Cyrano, qui sait dire des vers, aide donc Christian, qui ne sait pas en faire, à charmer Roxane à son balcon, comme dans *Roméo et Juliette*. Tragique complice de circonstance, Cyrano chuchote à Christian les paroles qu'il doit prononcer, mais ce dernier ne sait même pas *comment* les dire. Cyrano finit par prendre sa place, caché dans la pénombre, pour dire son amour à Roxane (qui croit toujours entendre Christian). Sa voix de velours compense en quelque sorte son physique disgracieux. Elle séduit. Le poète comprend que Christian, quoique jeune et attirant, n'a ni son éloquence ni la musicalité d'un baryton. Cyrano campe ses vers dans les graves, *mezza voce*, doux et vibrant, presque envoûtant. Dans la nuit, sous le balcon de Roxane, Christian n'est plus qu'une ombre. Le personnage central est la voix de Cyrano. Pour lui, c'est une chance inespérée de clamer enfin sa flamme. Cyrano lance sa voix comme Cupidon sa flèche et Roxane succombe. La voix porte l'émotion et le fantasme, s'inscrit dans le paysage de notre vibration intérieure. Elle joue avec cette vibration et avec le spectateur.

Françoise Gillard, qui l'a jouée sur les planches, dit de Roxane qu'elle est comme Cyrano en femme. C'est effectivement une des forces de la pièce. Roxane réunit la beauté et l'éloquence, le charme et l'intelligence. Son registre vocal va des graves aux aigus, entre alto et soprano. Elle n'a rien à envier à Cyrano dans le maniement des mots, des silences et du rythme. Ils sont comme un duo d'opéra sans musique. La voix dans *Cyrano*, c'est le panache.

*

La voix est le fruit d'une métamorphose de l'énergie de notre souffle en vibrations qui séduisent, agressent, déstabilisent, transmettent ou s'imposent. Elle est offensive ou défensive, extase de la prière ou de l'incantation, espérance ou sacrifice dans certains rituels, comme le vaudou. Chez l'artiste, comédien ou chanteur, elle est tout cela à la fois.

J'aime beaucoup l'histoire de Ted Williams. Elle témoigne de la manière dont une voix peut influencer une vie, une carrière, un destin. En 2010, sans-abri, les cheveux gris et le visage buriné, Ted Williams est assis au bord de la route avec une pancarte sur laquelle on peut lire : « J'ai une voix en or, c'est un don de Dieu. Je suis un ancien animateur radio traversant une période difficile. [...] Que Dieu vous bénisse et bonnes vacances. » Alors qu'il est à la rue depuis plusieurs mois, un automobiliste s'arrête, curieux d'entendre l'homme. Il découvre alors une voix de stentor, de baryton, très charismatique. La vidéo est diffusée sur YouTube et vue plusieurs millions de fois. Il est engagé pour des spots publicitaires, commente des matchs de basket et reçoit de très nombreuses autres offres d'emploi. La voix de Ted Williams l'a littéralement sorti de la rue et a fait exploser sa carrière.

Dans notre société, où la communication occupe une place si importante, la voix est sans doute devenue un des principaux éléments qui gouvernent le regard des autres sur nous et, souvent, notre vie professionnelle. Cela est valable pour Ted Williams mais également pour la plupart d'entre nous.

Les artistes de la voix sont nombreux : comédiens, chanteurs, ventriloques, imitateurs... Tous partagent un rapport très spécifique à leur voix. Je pense qu'il faudrait même inclure dans cette liste les avocats, car même lorsqu'ils prétendent chuchoter, ils doivent être entendus jusqu'au fond du théâtre, ou plutôt de la salle d'audience du tribunal.

Ces artistes gouvernent le public par leur voix. Mais lorsqu'ils crient, ils doivent pouvoir le faire sans se blesser, tout en donnant à chaque fois l'impression que leur rage déchire le silence. C'est donc leur technique qui garantit la conservation de leur voix et rassemble ces artistes.

Crier, parler ou chanter est à la portée de tout le monde. Mais cela ne fait pas de nous des professionnels de la voix. Si, chez le commun des mortels, la voix est avant tout un moyen de communication du mot, il en va tout autrement chez l'artiste sur scène. La voix est travaillée. Le texte est appris. Les intonations, le rythme, les silences sont maintes fois répétés. Lors de sa performance, l'artiste sait allier une indispensable et exceptionnelle technique avec une émotion qui nous fera rire ou pleurer, rêver ou voyager dans un imaginaire, bien loin du monde de la raison. Cette voix d'artiste gouverne le rapport au monde de celui ou celle qui l'écoute.

Notre cerveau est multifonction. En simplifiant, on pourrait dire que la maîtrise du langage et du texte est localisée au niveau du cerveau gauche. L'émotion et l'imaginaire sont au niveau du cerveau droit et également dans la partie médiane. Bien évidemment, tous nos neurones se connectent et se « parlent », entre le cerveau gauche et le droit, au niveau du corps calleux, siège de nos réactions affectives. Nos émotions sont le fruit d'une activité cérébrale très étendue, allant des profondeurs du cerveau à sa surface, le cortex.

La musicalité, l'intonation ou l'intensité de la voix sont imprégnées par notre culture d'origine. Les sons de la voix parlée reposent sur une fréquence fondamentale, en moyenne 180 Hz chez la femme, 150 Hz chez l'homme et 220 Hz chez l'enfant. La voix parlée russe a une intonation qui varie de 7 à 12 tons, soit plus d'une octave (6 tons). En anglais et en français canadien (du fait de l'influence linguistique américaine), celle-ci varie de 7 à 10 tons. En français, on reste dans l'octave. La fréquence vocale dépend de la longueur de la corde vocale (courte dans les sons graves, longue dans les aigus) et des caisses de résonance.

La voix de l'artiste doit remplir l'espace et faire vibrer les affects du spectateur. Tout comédien joue avec sa voix, suivant quatre caractéristiques essentielles. D'abord, il y a la hauteur, c'est-à-dire la mélodie ou la prosodie, entre les graves et les aigus. Elle est mesurée par la fréquence, exprimée en Hertz (Hz). Celle-ci correspond au nombre de vibrations émises en une seconde par les cordes vocales. Plus les vibrations sont rapides, plus le son est aigu, plus elles sont lentes, plus le son est grave. Puis, il y a l'intensité, ou puissance, qui varie entre 20 et 60 décibels (unité qui exprime la pression acoustique). Vient ensuite le débit, qui correspond à la vitesse d'élocution. En français, la vitesse moyenne se situe autour de cinq syllabes à la seconde. Elle peut atteindre huit à neuf syllabes lorsque le locuteur parle très rapidement. Le débit, de même que la prononciation, la diction ou l'élocution, ne doivent pas entraver la compréhension du texte. Réguler le débit de la voix est une exigence essentielle du comédien de théâtre. Il tient, par son flux verbal, le public en alerte et domine son attention. La quatrième caractéristique d'une voix est son timbre, ou couleur, qui est la signature de l'artiste. Différents instruments de musique ne joueront pas la même note de la même manière.

Le défi, en maîtrisant la technique, est de savoir garder une sonorité naturelle. Si elle est trop maîtrisée, elle pourra sembler artificielle. Car c'est l'imperfection qui révèle la sincérité, fait le charme de la voix et émeut le spectateur.

L'oreille est le pilote de la voix dont elle régule la puissance, la fréquence et la musicalité. Elle influe sur le cerveau gauche pour l'intensité et la justesse de l'émission vocale. Elle agit sur le cerveau droit pour les harmoniques.

Si parler peut nous sembler naturel, tout professionnel de la voix doit apprendre à poser sa voix parlée et sa voix chantée. L'apprentissage est adapté à chacun, même si quelques techniques fondamentales restent indispensables, comme le souffle thoracique, la respiration abdomino-pelvienne, la voix de tête, la voix de poitrine, la verticalité du corps. Savoir courir ou marcher ne signifie pas que l'on peut faire un marathon.

Des entraînements de la gestuelle, de la coordination et du positionnement du corps sont également nécessaires car la voix donne le sentiment d'être sincère seulement lorsqu'elle est en harmonie avec le langage du corps (*body language*). Pour que la voix de l'artiste exerce un pouvoir, pour qu'elle puisse gouverner son public, le captiver, elle doit être travaillée. Cela ne s'improvise pas. C'est pourtant ce que le professionnel de la voix nous fait croire.

La voix de l'artiste est son émotion. Sa sincérité correspond à l'harmonie entre son affect et le rôle qu'il interprète. Sa mécanique vocale n'est plus consciente, elle fait partie de lui comme le fait de marcher. Le comédien de théâtre donne vie aux textes de Shakespeare, de Victor Hugo ou de Samuel Beckett, ressuscite les personnages. Pourtant ce ne sont pas Macbeth, Ruy Blas ou Estragon qui sont transportés à notre époque, mais bien le public qui est aspiré dans une temporalité et une spatialité voulues par l'auteur. C'est le comédien qui, par sa voix, son jeu et en trouvant un rythme vocal pourtant non écrit, fait toute la lumière sur l'œuvre. L'artiste ne doit pas aller trop loin et faire de l'ombre à l'œuvre, ou au contraire trop se l'approprier. Il doit jouer chaque fois comme si c'était la première et la dernière. La voix de son public, c'est avant tout son silence, qui a pourtant ce je-ne-sais-quoi de communicatif, avec lequel l'acteur se met en symbiose.

La voix est un fluide vibratoire qui va de la trachée à nos lèvres. Comme l'eau dans le lit d'une rivière, elle s'écoule. Elle ne force pas le passage, elle s'y adapte. L'équilibre mécanique permet au « vocaliste » de se servir de son instrument sans contrainte, comme il le veut, quand il le veut, tout en connaissant ses limites. Il adapte son jeu à sa voix. Pour cela, il doit connaître son texte. La technique n'est qu'un moyen de jouer son rôle, pas une fin. La qualité de l'interprétation dépend de la force, de l'équilibre et de la facilité apparente de l'artiste, qui ne doit pas laisser voir de tension musculaire laryngée et corporelle.

La voix danse avec le corps, elle vibre avec lui, c'est une métamorphose du souffle. Un coach vocal permet à ses élèves d'apprendre, d'améliorer ou de trouver leur signature vocale. C'est le professeur qui s'adapte à l'artiste et non l'inverse. Il ne pourra jamais changer son instrument. C'est son identité. Il doit respecter sa personnalité. Les défauts ne peuvent pas être corrigés par un autre défaut. Par exemple, si votre hanche est trop basse d'un côté, il ne faut pas fléchir le genou de l'autre côté. Il faudra plutôt mettre une talonnette sous le premier pied. L'analyse de la position du corps pendant la respiration permet d'ailleurs de juger de la stabilité de la verticalité, entre l'inspiration et l'expiration. Si les règles sont les mêmes depuis des siècles, la mode change avec les décennies, plus ou moins nasale, plus ou moins grave ou soufflée, plus ou moins voix de tête ou voix de poitrine. Il y a un siècle, la voix des gens n'était pas aussi influencée par la voix des médias qu'elle peut l'être aujourd'hui.

La voix de l'artiste, plus que pour le commun des mortels, est d'abord une musique. La musique ne peut pas mentir, c'est une émotion. Elle est naturelle. Si elle est truquée, l'auditeur le perçoit. La musique n'a pas non plus de trou de mémoire, à l'inverse de la voix parlée, qui est le reflet de nos faiblesses et de nos qualités, de nos oublis et de nos repères. La mémoire est capitale pour les artistes même si certains jouent parfois sans apprendre leur texte, grâce à une oreillette. Gérard Depardieu, par exemple, a travaillé sa voix avec Alfred Tomatis, qui excellait dans l'exercice vocal avec oreillette. Pour l'acteur, l'interprétation en quasi direct est une performance exigeante d'articulation entre l'écoute et l'expression vocale.

Le professionnel de la voix est aussi celui qui sait faire comprendre le silence entre les mots. Comme le disait Lacan : « Le cri n'est pas d'abord appel, mais il fait surgir le silence. Non que le cri en soit supporté, le silence étant le fond, mais c'est l'inverse. Le cri fait gouffre où le silence se rue. » La voix est un silence contrôlé.

*

Pour une chanteuse ou un chanteur, la tessiture et le timbre de la voix déterminent le registre et les rôles qui seront incarnés par l'artiste à l'opéra ou dans une comédie musicale. Le chant et la morphologie s'imposent donc en premier, les mots ne viennent qu'après.

La musique parle d'abord à nos émotions. La raison n'intervient que dans un second temps. Cela est valable pour le spectateur comme pour la personne qui chante. Si la technique de la voix chantée est indispensable, c'est l'émotion qui fait vivre le chant.

Apprendre à chanter, c'est apprendre à son corps à être un instrument de musique qui parle, qui résonne, qui se contrôle. L'harmonie du verbe, de la mélodie, du geste, ne sont que l'aboutissement d'un apprentissage difficile. Le chanteur doit avoir la précision du sculpteur pour être juste, la coordination de l'acrobate pour adapter son instrument vocal aux conditions différentes, l'équilibre du danseur pour juger de la projection vocale. L'oreille ajuste ensuite les différents paramètres (fréquence, intensité, débit et timbre). La perception auditive de l'artiste l'aide à contrôler sa voix par la boucle audio-phonatoire (le retour de sa propre voix dans l'oreille).

On n'est pas artiste de 9 heures à 17 heures, cinq jours par semaine. Ce n'est pas un métier comme les autres. On l'est souvent dès nos premiers jours et pour toute la vie. Pour le professionnel de la voix, le chemin commence par l'écoute de l'autre. Le talent n'est que le travail d'un don qui est propre à chacun. Le chanteur Mika a une voix dont le registre joue naturellement avec les harmoniques. Il a su nourrir ce talent naturel avec des influences culturelles et linguistiques différentes.

Les chanteurs lyriques ou de variété ont souvent recours au vibrato. Le vibrato crée une modulation, faisant onduler la voix de 5 et 7 fois par seconde (alors que la voix chevrotante, ou tremolo, ondule entre 3 et 5 fois par seconde). Il permet d'accroître la puissance de la mélodie et de tenir une note plus longtemps. Il enrichit les harmoniques. Il joue sur une amplitude de fréquences qui n'excède pas un demi-ton. Si elle dépasse trois-quarts de ton, la voix tremble. Contrairement à la vibration des cordes vocales, qui ne dépend que du souffle pulmonaire dans leur accolement et qui n'est pas consciente, le vibrato est commandé par le cerveau. Celui-ci recherche l'harmonie parfaite avec le souffle et la coordination avec tous les muscles du conduit vocal. Le vibrato soutient la force des harmoniques créées au niveau du larynx. C'est également un amplificateur vibratoire. Il permet d'entendre les chanteurs et les chanteuses jusqu'au fond de la salle de concerts. Dans tout l'Opéra ou jusqu'en haut du Palais des Sports, vous pouviez entendre Luciano Pavarotti ou Johnny Hallyday sans microphone.

Il faut près de dix ans pour faire un chanteur ou une chanteuse d'opéra. Certains pensent parfois que l'on peut devenir une star de variété en quelques mois.

Cela me semble difficile. Le chant nécessite indéniablement une certaine prédisposition et impose un travail régulier et une bonne hygiène de vie. C'est ainsi que le don devient art.

Chanter, c'est habiller les mots par la musique. La voyelle véhicule la mélodie, la consonne impose un rythme et le silence donne le relief. L'alchimie entre les vibrations des cordes vocales et la mélodie capte naturellement l'attention du public, suspendu aux lèvres de l'artiste. La lettre est une note, la syllabe une mesure, la phrase une mélodie.

Une seule seconde suffit pour nous transporter. En effet, les chanteurs peuvent émettre de sept à douze tonalités différentes dans cet intervalle de temps. Les images de l'activité cérébrale liée à la musique sont assez impressionnantes. Le cerveau mémorise la coordination musculaire permettant la vocalisation et les fréquences musicales. Mais s'il n'y avait que cela, nous ne serions que des enregistreurs. L'interprète fait de chaque chanson une œuvre dont la différence est impalpable, une vibration unique qui nous touche au plus profond de nous-mêmes, voire qui nous émeut aux larmes.

Tout chanteur a besoin d'un public à séduire. Interpréter, c'est aller au-delà de la technique et laisser place à l'affect. Tel le peintre qui a des couleurs sur sa palette, le chanteur a des notes avec lesquelles il compose à sa guise en partant du canevas du compositeur. Le chanteur fait exister la puissance du texte et de la mélodie écrite dans l'espace et le temps, et le public est son amplificateur émotionnel. Il y a quelque chose d'insaisissable, un je-ne-sais-quoi non reproductible dans *Ne me quitte pas* par Jacques Brel ou *Memory* par Barbra Streisand.

L'interprétation peut être altérée, troublée, voire complètement anéantie par un accident vocal. Cela arrive par exemple lors d'un effort trop violent. Je me rappelle une chanteuse qui a dû terminer son récital à Bercy en faisant chanter son public. C'était d'ailleurs assez incroyable à voir, car la force du public a fait que le concert fut un succès. La fragilité de l'artiste la rendait humaine et proche. Le public, ému par cette fragilité, semblait vouloir la protéger, l'aider dans cette épreuve. Je l'ai examinée le soir même. En observant ses cordes vocales, j'ai compris qu'elle avait eu un incident au niveau du larynx. L'examen des cordes vocales par une caméra à haute vitesse permet d'en étudier les vibrations au ralenti. Cela nous a permis de découvrir qu'il n'y avait justement plus de vibrations sur une des deux cordes vocales. Une microvarice (dilatation d'une veine) de la corde vocale en avait altéré le fonctionnement. Elle lui avait « cassé la voix ». Il lui était devenu impossible de produire des aigus ou des graves. Grâce à son excellente technique et parce qu'elle n'avait pas forcé sur sa voix, elle a pu récupérer entièrement en seulement trois jours. Le public a rapidement retrouvé sa diva. Cette anecdote illustre l'importance d'une gestion et d'une certaine hygiène de l'instrument laryngé dans la carrière d'un interprète. L'artiste doit connaître son instrument de musique et ses limites. Il ne faut jamais chanter au maximum de ses capacités. Les grandes voix savent bien cela.

Sur scène, l'artiste se nourrit de la charge affective du groupe et l'utilise : il le fait chanter, bouger, taper dans les mains. Ce n'est plus une voix que l'on écoute, mais une mélodie qui nous charme, qui nous séduit, qui nous transporte, qu'on veut sentir vibrer en nous.

La voix chantée est un art et chaque art a besoin d'un support. La peinture a la toile, la sculpture un matériau comme le bronze ou le marbre. Le support du chant est la vibration, qui n'existe que dans un espace et une temporalité donnés. C'est ce caractère éphémère qui rend cet art si impalpable.

*

L'imitateur est un acrobate du conduit vocal. Il nous fait littéralement rêver. Il nous détourne de la réalité, joue avec notre raison : est-ce Charles Aznavour, Johnny Hallyday ou Laurent Gerra ? Est-ce Liza Minelli, France Gall ou Liane Foly ? Est-ce Ray Charles, Claude François ou Michaël Gregorio ? Est-ce Lady Gaga, Édith Piaf ou Véronic DiCaire ?

L'imitateur est un artiste à part entière. Certes, son art repose sur une illusion. À la radio, il trompe notre audition. Sur scène, le langage de son corps, ses mimiques et son souffle dupent aussi notre regard. Il réinvente l'attitude de l'original. Il manipule parfaitement la mécanique de la voix et son intelligibilité. En deux mots et un geste, il sait créer un environnement reconnaissable et faire revivre des vibrations familières. L'imitateur positionne le pharynx, la langue, le voile du palais et les cordes vocales différemment selon les imitations. L'observation par vidéo-fibroscopie nasale m'a permis de découvrir le secret de cet « instrument » de l'imitateur. La très grande majorité de ceux que j'ai pu examiner ont un point commun rare : leur larynx est asymétrique. Ils peuvent ajuster la corde vocale gauche par rapport à la corde vocale droite, comme des acrobates. Les cordes vocales sont puissantes et la caisse de résonance particulièrement ample, s'adaptant à chaque type d'imitation. En examinant Liane Foly il y a trente-cinq ans, j'ai su immédiatement qu'elle ferait une magnifique carrière d'imitatrice. Elle m'a confié que, jeune écolière, elle imitait déjà ses professeurs, ses copines et les clients du magasin de ses parents.

L'imitateur a une rapidité d'exécution et une précision dans sa mobilité laryngée qui requièrent des qualités d'athlète du conduit vocal et une audition remarquable.

Il sait gérer son écoute et entendre sa propre voix comme nous l'entendons, alors que nous ne reconnaissons le plus souvent pas la nôtre sur un répondeur téléphonique. Lorsque nous parlons, la voix que nous percevons est la réunion de deux voix : une, externe, qui part de nos lèvres pour aller à notre oreille, et une, interne, qui résonne dans notre corps pour aller directement à l'oreille par l'intérieur. Cette dernière comprend davantage de graves du fait de la résonance de la masse corporelle. L'imitateur sait en faire abstraction. C'est sa seconde particularité, avec l'asymétrie du larynx. C'est un méta-artiste, mais il garde toujours sa propre personnalité. Il n'est pas l'autre, il est lui imitant l'autre. L'imitateur est l'artiste des artistes.

*

Le ventriloque est un magicien de la voix. C'est un contorsionniste du larynx. Le ventriloque (de *venter*, « ventre », et *loquor*, « parler ») s'appelle également engastrimythe, du grec *engastrímuthos* (de *gaster*, « ventre », et *muthos*, « parole »). C'est littéralement : celui qui parle avec le ventre.

Lorsque nos lèvres bougent, c'est que nous parlons ou que nous chantons, même lorsqu'on ne nous entend pas. Preuve en est, les sourds profonds lisent les mots sur les lèvres. Mais ils ne pourraient pas comprendre le ventriloque, qui garde ses lèvres presque fermées.

Comme s'il ne parlait pas. Mais tout est dans le « comme si ».

Dans un spectacle de ventriloquie, la gestuelle est aussi indispensable que le texte ou l'improvisation face à des spectateurs. Elle peut donner l'illusion qu'un personnage est enfermé dans une malle et qu'un autre va venir le délivrer. Les voix du ventriloque et de ses différentes poupées se mêlent les unes aux autres comme dans un vrai dialogue. Elles s'articulent avec le regard de l'artiste et celui de la poupée. Ils se regardent, s'ignorent, prennent le public à témoin. Dans la phrase de l'un, l'autre l'interpelle, dans une même expiration.

Bien que le ventriloque soit seul sur scène, ce n'est pas un monologue mais un dialogue. La magie opère. Si, aujourd'hui, ces magiciens de la voix nous amusent, ils évoquaient hier des forces occultes, du devin Eurycle d'Athènes à la sorcière d'Endor dans la Bible (Samuel, 28). Leur statut de divertissement remonte à la fin du XVIIIe siècle. C'est Monsieur de La Chapelle, censeur royal à Paris, qui permet à la ventriloquie d'être considérée comme un art et un amusement et non plus comme une mystérieuse sorcellerie ou manipulation de l'esprit.

Ces magiciens de la voix, que ce soit Christian Gabriel ou Jeff Panacloc, Valentine Vox ou Jeff Dunham, troublent notre raison par leur voix et le langage du « corps de la voix ». J'ai été invité à un congrès de ventriloques à Las Vegas il y a quelques années. À la fin de ma conférence, où je cherchais à lever le mystère de leur art, de multiples questions ont été posées. Mais jamais par les ventriloques eux-mêmes, toujours par leurs poupées ! J'avais l'impression qu'elles étaient des personnes à part entière.

Comment fonctionnent ces voix qui captent notre attention, altèrent notre jugement et notre capacité d'analyse ? Observons le ventriloque. Lorsqu'il parle, nous lisons sur ses lèvres les différentes voyelles, nous percevons parfaitement toutes les consonnes. Quand la poupée parle, que ce soit un chimpanzé ou n'importe quelle autre peluche (voire aucune), nous ne voyons pas tous ces phonèmes. Quand l'artiste peut fermer ses lèvres pour émettre des consonnes, la poupée (l'artiste parlant pour la poupée) ne le peut pas. Certaines consonnes imposent une fermeture labiale brutale comme le P, le B, le F, ou le M, ce que le ventriloque ne peut pas faire lorsqu'il fait parler la poupée. D'autres sont plus simples à réaliser pour ces professionnels, comme les lettres C, D, G, J, K, L, N, Q, S ou X. Le R, le T, le V et le Z sont plus complexes. Il faut contourner la difficulté pour les quatre premières. La poupée se dote donc de son langage. « Barrière » devient « Varrière », « Formidable » devient « Hormidable », « Mexico » devient « Hexico ». Notre cerveau corrige immédiatement la supercherie, ayant été habitué à entendre les bons mots. L'illusion auditive est parfaite. Le ventriloque se dédouble, son visage devient celui d'un spectateur qui regarde la poupée. Son regard guide notre écoute.

En ce qui concerne les voyelles, ce n'est plus un second langage mais une impressionnante acrobatie du conduit vocal qui s'installe. J'ai été amené à examiner plusieurs ventriloques. Avec la mise au point de l'exploration dynamique de la voix en 1984 par vidéo-endoscopie nasale, il devenait possible de « regarder » la voix (le fibroscope passant par le nez) lors de l'émission vocale normale (alors que, avec la bouche grande ouverte, on ne peut émettre toutes les lettres). Je voulais comprendre le mystère du ventriloque. Cette exploration m'a permis de découvrir sa « double voix ». Par souci de clarté, nous appellerons ici notre ventriloque Christian et sa poupée Freddy. En approchant le fibroscope au niveau de la fosse nasale droite, nous parvenons jusqu'au toit du conduit vocal. Christian montre quelques grimaces d'appréhension. « Tu vas lui faire mal ? », m'interpelle Freddy. J'étais surpris, car je ne m'attendais pas du tout à cette voix. Les lèvres de Christian n'avaient pas bougé. Non, je ne lui ferai pas mal. Mais il ne fallait pas qu'il use sa voix. « Il n'en a pas besoin », me répond Freddy en hochant la tête. « Il est trop pressé de voir ma voix. » En les faisant dialoguer, j'ai pu constater que Freddy et Christian se répondaient dans un même souffle expiratoire, dans un enchaînement parfait donnant l'impression que deux personnes bien distinctes parlent et s'interrompent. La rapidité des échanges est source de confusion. Qui parle à qui ? Il n'y a pas de temps d'arrêt, pas de silence entre les deux voix. Le talent de l'artiste repose sur cette avalanche de mots et de gestes, sur l'immobilité des lèvres puis leur mobilité, sur un souffle et un effort pharyngolaryngé hors du commun. Une seule chose le trahit : quand Freddy parle, la pomme d'Adam de Christian bouge.

L'anatomie intérieure dévoile le secret de cet athlète vocal. Tous les muscles de l'intérieur de la gorge, du pharynx, du voile du palais, de la luette et surtout de la langue permettent de reproduire des voyelles derrière les lèvres quand Freddy parle. La sortie du son se fait par la bouche. C'est en détournant notre attention lors de l'écoute que le ventriloque crée l'illusion. La mise en œuvre de tous ces éléments est parfaitement synchronisée. Un laps de temps extrêmement réduit, de 1/10e à 1/15e de seconde, suffit pour changer de personnage et montrer Christian sous un aspect normal.

La capacité pulmonaire du ventriloque est comparable à celle des grands chanteurs ou des grands tragédiens. Le paradoxe veut que l'on entende deux voix différentes, créées par le même instrument selon deux techniques différentes. Deux personnes parlent mais c'est le même larynx qui donne de la voix. Les vibrations des cordes vocales du ventriloque donnent vie à la poupée.

La ventriloquie est une technique qui requiert un travail considérable et une mise en situation théâtrale digne des prestidigitateurs. Cet art repose sur quatre paramètres essentiels. D'abord, une prouesse anatomique et physiologique du conduit vocal, parfaitement synchrone avec la respiration. Ensuite, une gestuelle de la poupée indépendante de la voix. Troisièmement, une fluidité du regard entre le spectateur et la marionnette. Enfin, la cohabitation de deux langages différents entre le ventriloque et sa figurine, avec des tournures, des expressions, des accents variés. Ce langage repose sur sa plasticité cérébrale. C'est un virtuose du langage et un contorsionniste du larynx. Son cerveau jongle entre deux modes de fonctionnement anatomiques et deux modes de fonctionnement linguistiques. Son cerveau a fait une place au langage de la poupée, tout comme son conduit vocal.

Cette voix nous dupe. Notre regard est dirigé, orienté, voire manipulé par celui de l'artiste. Et notre oreille se trompe elle aussi de direction. Elle n'est pas assez précise, surtout si nous sommes éloignés du ventriloque. Pour identifier la direction exacte d'une voix émise, nous avons besoin de notre vue, pour pallier cette imperfection auditive. Lorsqu'un magicien fait un tour avec des cartes, ses mains vont plus vite que nos yeux. Ici, notre audition va moins vite que ses lèvres. Voilà toute sa magie, où la voix est l'illusion.

10.

La voix intérieure, notre boussole

Gouvernail de notre pensée, de nos décisions et de nos actes, notre voix intérieure ne serait-elle pas la voix qui nous gouverne, avant toutes les autres ? Ce n'est pas une force motrice, comme le vent qui souffle dans les voiles, comme les sentiments qui nous font réagir malgré nous, mais un gouvernail qui définit une direction, tel celui d'un navire, qui nous guide vers un horizon où l'émotion et la raison se croisent. L'intime conviction, l'intuition et le pressentiment influencent nos choix. Mais qu'est-ce que la voix intérieure ? Est-ce un silence ? Cette voix ferme-t-elle ses paupières pour mieux voir ? Tant que cette voix intérieure nous soutient, nourrit notre conviction et notre confiance, nous nous sentons invulnérables. Lorsque cette force intime disparaît, nous sommes fragiles.

Le silence absolu n'existe pas. J'ai ressenti la présence de ma voix intérieure le jour où le monde s'est arrêté, le jour où Paris est devenu silence au début de la pandémie de Covid. C'était comme une métamorphose de mon moi profond. La voix intérieure est alors devenue ma sauvegarde, une prise de conscience de soi par rapport au collectif. Le tohu-bohu habituel, le bruit incessant de la cité s'était tu. La nature avait repris ses droits et la ville respirait.

Le 16 mars 2020, au journal de 20 heures, le président Emmanuel Macron prononçait, d'une voix de baryton solennelle et affirmative, une allocution marquante : « Nous sommes en guerre. » À la seconde suivante, nous rentrions chez nous et en nous-même. Cet instinct primitif se révèle quand un danger approche. C'est ce que l'on appelle l'instinct de survie. Il est puissant et à lui seul peut sauver la vie. Il doit lutter contre la peur, cette émotion maligne qui cherche à dominer l'esprit et anéantir tout espoir ou intention de s'en sortir ou d'évoluer. La force de notre seul instinct peut faire triompher nos convictions et la pulsion de vie.

Nous avons deux voix : la voix émise pour les autres et la voix intérieure. Mais cette dernière est elle-même double. Qu'elle nous questionne, nous étonne ou justifie nos décisions, elle se répond. Ce dialogue avec soi-même peut être antagoniste, lorsque le rationnel et l'irrationnel se heurtent, quand la logique et l'émotion nous déchirent. Mais la voix intérieure finit toujours par s'imposer. Elle exacerbe notre conscience individuelle en cas de conflit personnel. Lors de périodes de réflexions, calmes ou tumultueuses, les choses refoulées s'expriment par cette voix intime que nous sommes seuls à entendre. Elle est le lieu des oppositions : raison contre raison, émotion contre émotion, raison contre émotion. L'émotion, plus spontanée, est celle qui engage le combat. Sans calcul préalable, le cœur chavire et la raison navigue à vents contraires.

L'intuition est la réponse de notre voix intérieure au doute. Lorsque nous sommes perdus, le fait de se parler à soi-même, d'aller chercher sa force intérieure, nous libère. Cette autostimulation est bien connue des grands sportifs et autres compétiteurs, quelle que soit leur profession, des enfants et plus encore des adolescents, fréquemment en conflit avec eux-mêmes.

Lorsqu'un patient me consulte, ma voix intérieure m'oriente dès ses premiers mots, me dirige, voire me guide vers un diagnostic.

Je suis à la fois émetteur et récepteur de ma voix intérieure. L'inconscient et le conscient dialoguent, s'harmonisent ou se désynchronisent. Le rôle de l'inconscient est primordial, nous l'avons dit. Il maintient nos fonctions vitales comme la respiration mais traduit aussi, par exemple, notre anxiété par des battements de cœur qui s'accélèrent.

La foule ou le groupe se comporte comme une entité qui anesthésie notre conscience individuelle. Avec les médias et les réseaux sociaux, de même qu'avec la propagande, l'individu cède au collectif et la voix intérieure disparaît au profit de la voix commune. Pendant la pandémie de Covid, l'individu s'est retrouvé face à lui-même. Nous redevenions notre propre priorité. Notre conscience individuelle dévoilait notre voix silencieuse, faisant dialoguer deux pôles. L'un est primitif, simple, sans compromis, comme chez les autres mammifères. L'autre prend en compte l'espace-temps, l'altérité, la réflexion, la culture, le dialogue. Ainsi, l'*Homo sapiens* se crée une identité par rapport à un passé, immédiat ou lointain, par un instinct et par un rapport à l'autre. Cette conscience de soi nous permet de reconnaître notre propre existence. Notre raison parle à nos pulsions. D'*Homo sapiens*, on devient *Homo sapiens sapiens* : on sait que l'on sait.

La voix intérieure analyse et discute en nous-même, en silence. Elle décide d'un futur probable, acceptable, dont l'intime conviction est le stade définitif. Si le langage permet de communiquer nos pensées, nos émotions et nos sentiments aux autres, il a également cette fonction communicative lorsqu'on se parle à soi-même.

L'identité d'une personne a plusieurs facettes. On entend par exemple parler d'identité nationale, sexuelle, religieuse ou culturelle. Le langage est la pièce maîtresse de cette dernière. Il appartient à l'essence même de la civilisation humaine. Il est impossible de nous définir sans le langage. Mais c'est également une institution sociale, construite, située dans l'époque et dans le milieu social, un support artistique et un outil de domination. Si notre langage intérieur est le produit de notre enfance, il est par conséquent le produit de notre culture. À l'université Stanford, en 2002, on a proposé à un groupe de volontaires de résoudre un problème mathématique en commentant à voix haute leur raisonnement. Les Américains d'origine asiatique, peu habitués à verbaliser leurs calculs, étaient moins performants que les autres Américains, toutes choses égales par ailleurs.

La voix intérieure est sonore. Cette voix ne se manifeste pas toujours de la même façon. Chez certains, elle commente les moindres faits et gestes. Chez d'autres, elle imite le timbre de proches. Notre langage intérieur est moins lyrique et plus pragmatique que notre langage parlé. Il va à l'essentiel, comprend les mots-clés. Selon les mesures du psychologue Rodney Korba, en 1990, son débit peut atteindre 4 000 mots par minute, contre 200 environ lors d'une conversation normale, à voix haute. Cette voix intérieure est vraiment une voix. Les IRM fonctionnelles le montrent : quand nous lisons un texte en silence, les aires auditives temporo-acoustiques s'activent, car nous écoutons notre propre voix. Des chercheurs du laboratoire de Grenoble ont enregistré des contractions des muscles des lèvres par des capteurs électromyographiques lorsque nous nous parlons à nous-même. Lors d'explorations par vidéonasofibroscopie des cordes vocales, j'ai demandé à des patients de lire un texte en silence, à des comédiens de se réciter une tirade. Le résultat est étonnant : les cordes vocales bougent sans se coller complètement, comme lors d'un chuchotement. Chez certains, j'observais également des mouvements à peine visibles de la langue et des lèvres.

Et puis si vous entendez d'autres voix que la vôtre, cela ne veut pas dire que vous êtes fou. Entre 3 et 5 % de la population, sans trouble psychologique, entendent des voix, selon le psychologue Stéphane Raffard. Des voix rassurantes de proches, d'inconnus, de célébrités mais aussi des voix malveillantes ou insultantes.

D'où vient notre petite voix intérieure ? Les IRM fonctionnelles montrent qu'elle est produite et écoutée par notre cortex cérébral. H. Lœvenbruck (*Le Mystère des voix intérieures*, 2022) explique que, lors d'une étude de neuro-imagerie pendant la production de langage intérieur, les parties du cerveau qui sont stimulées correspondent aux régions du langage à haute voix. C'est le cortex préfrontal qui inhibe ensuite l'émission du son. Notre voix intérieure est également appelée endophasie (littéralement, la « parole dedans »). Elle est intimement liée à notre mémoire. En particulier à la mémoire à court terme, aux informations temporaires, comme l'endroit où l'on a garé sa voiture ou une liste d'activités à accomplir dans la journée. C'est par la répétition interne des mots que l'on facilite la mémorisation temporaire de l'information. Dans un autre registre, la mémoire autobiographique est renforcée par notre langage intérieur. Elle inscrit des souvenirs dans le présent, des histoires personnelles qui sont systématiquement modifiées par notre expérience immédiate et par notre vécu depuis que les faits se sont déroulés.

Quand l'enfant se met-il à parler dans sa tête ? La parole intérieure est héritée de la parole à voix haute. Cette transmission vocale commence dès la vie fœtale, comme nous l'avons déjà décrit. Selon le pédagogue et psychologue russe Lev Vygotski, le « discours privé » de l'enfant reproduit seul des situations de dialogue vécues.

Ce discours intérieur existe dès la plus tendre enfance. Céline Ngon et Sharon Peperkamp expliquent, dans un article paru en 2016 (« What infants know about the unsaid »), que les nourrissons seraient capables de reproduire intérieurement le son de certains mots dès l'âge de vingt mois, avant d'être capables de les articuler à voix haute. L'évolution du langage intérieur serait même déterminante dans le développement du langage oral, hypothèse renforcée après l'étude d'IRM fonctionnelles pratiquées chez le fœtus. Les bébés développent une pensée verbalisée dès l'âge de 18-24 mois, avant même de produire des phrases. Plus tard, on les surprend à penser à voix haute et à se parler à eux-mêmes pendant qu'ils jouent ou lorsqu'ils font parler des poupées. Ils intériorisent progressivement ce flux de pensée entre cinq et sept ans (Lidstone, Meins, Fernyhough, 2010).

« Les enfants élevés dans des familles aux habitudes de communication fécondes développent plus tôt cette composante de discours intérieur », souligne le psychologue américain Ethan Kross (2021). Le discours intérieur prépare notre discussion, nourrit dès l'enfance notre capacité à raisonner et renforce notre confiance en soi.

*

Ma petite voix – pas toujours petite d'ailleurs – intervient dans presque toutes mes décisions. De nombreuses et diverses influences interagissent avec elle. Cette voix parle, s'impose sans demander notre avis, exige, conseille, accompagne et encourage. Elle se nourrit du silence.

Le metteur en scène britannique Peter Brook, génie des planches et de la direction d'acteurs, amoureux des espaces vides et de Shakespeare, que je retrouvais parfois lorsqu'il produisait ses spectacles aux Bouffes du Nord pour discuter, coupait souvent net nos discussions et me lançait : « Chut ! » Et le doigt sur la bouche, d'un ton ferme et définitif : « Tais-toi Jean ! Écoute le silence. » Son bras droit se levait et il pointait son index vers les hauteurs. Je le suivais du regard, comme hypnotisé. J'observais. J'écoutais l'écho de notre dialogue. Nous étions alors, comme dit l'expression, « sur la même longueur d'onde ».

Un jour que Peter Brook devait choisir une interprète pour sa prochaine pièce, j'ai pu assister aux auditions. Je m'étais assis au fond de la salle, silencieux. La scène était vide, c'était sa signature. C'est l'artiste qui doit la remplir par sa voix et sa présence. Au milieu, une chaise vide et un foulard. Trois candidates se présentèrent. « Vous venez de perdre votre mère hier soir. Vous avez deux minutes pour me convaincre », leur annonça le metteur en scène. La première se lamenta et cria. La seconde, après quelques pas, fondit en sanglots comme une pleureuse grecque. La troisième s'approcha de la chaise. On entendait ses pas lents sur le sol du théâtre. Les yeux baissés, elle s'arrêta. Le silence était pesant. Elle s'assit. Elle mit le foulard dans ses cheveux, pleura en silence, et en relevant lentement les yeux, lança au public : « J'avais encore tellement de choses à te dire… tellement de choses. » Elle quitta la scène. Son silence nous avait fait pleurer.

J'ai mis du temps à comprendre ce que Peter, décédé en 2022, cherchait à me faire entendre dans le silence. C'est dans ce silence que l'on peut accueillir notre voix intérieure, qu'elle peut nous parler. Il fait apparaître les non-dits. Il faut apprivoiser cet espace. Il est le décor du théâtre, son relief lorsqu'il fourmille de comédiens et de spectateurs, sa respiration quand tout ce monde est rentré chez soi. Apprendre à écouter, puis observer le silence, c'est estimer sa voix intérieure, lui faire une place.

À l'inverse, on cherche parfois à faire taire notre voix intérieure. Gustave Flaubert avait inventé son « gueuloir », pièce dans laquelle il criait les textes qu'il venait d'écrire, comme pour couvrir sa petite voix, la faire taire et mieux se concentrer sur ce qu'il voulait entendre.

Peter Brook m'a en quelque sorte appris à « regarder la voix » de mes patients. Je les écoute, les laisse parler et se livrer. On soigne aussi le silence quand on est médecin. Comme je le dis souvent, la prise en charge d'un patient ne se limite pas à soigner une pathologie. Il faut traiter une personne dans sa globalité, avec ses ressentis, ses émotions, son individualité. Avoir le souci du corps et de l'âme.

L'intuition est une partie de notre voix intérieure. Lorsque je laisse se dérouler le fil de ce moi silencieux sans l'interrompre, elle apparaît. L'intuition vient du latin *intuitio*, qui signifie à la fois « connaissance immédiate » et « image réfléchie par un miroir ». L'intuition nous parle donc de nous, nous guide. Je me souviens, lors d'une intervention chirurgicale au laser pour traiter un polype de la corde vocale, avoir demandé à l'anesthésiste de réveiller le patient en urgence (ce qui arrive très rarement). Je sentais que quelque chose d'anormal se passait, sans en connaître précisément la raison. J'écoutais ma seule intuition. L'anesthésiste injecta l'antidote de la drogue anesthésiante. L'électrocardiogramme du patient commença à montrer une chute du rythme cardiaque. De 60 par minute, ses battements du cœur tombèrent rapidement à 55, 40 puis 30. L'anesthésiste m'interrogea : « Comment savais-tu que son cœur était en train de lâcher ? » J'attendis quelques secondes, silencieux, avant de lui répondre. « Aucune idée. » Puis, le rythme cardiaque s'accéléra de nouveau. Il se stabilisa entre 60 et 80 battements par minute.

J'enregistre toutes mes opérations en vidéo afin que mes patients puissent comprendre la pathologie pour laquelle ils ont subi une intervention. Dans ce cas précis, quelques jours plus tard, c'est moi qui ai revu plusieurs fois l'enregistrement. L'explication était là, sous mes yeux. Une de ses cordes vocales, dont la couleur est d'ordinaire plutôt rosée, était devenue blanchâtre. Les capillaires des cordes vocales, ces petits vaisseaux sanguins qui les irriguent, n'étaient plus visibles. Une anoxie s'installait, c'est-à-dire que les cordes vocales ne recevaient plus le dioxygène dont elles ont besoin. C'est ce qui arrive également dans certaines intolérances ou allergies médicamenteuses. L'intuition, puisant dans mon expérience, m'avait conduit à réagir de manière aussi assurée que spontanée. Ma voix intérieure m'avait imposé la fin de l'intervention, alors que je n'avais pas conscience du problème. L'expérience nourrit notre expérience de façon inconsciente.

« *Intuition is a very powerful thing, more powerful than intellect, in my opinion* », disait Steve Jobs à son biographe. Je le crois. Le pouvoir de l'intuition est supérieur à celui de l'intelligence. L'intuition est de l'ordre de la perception immédiate. C'est lorsque nous sommes à l'écoute de nos perceptions physiques, sensorielles, visuelles ou olfactives que l'intuition se manifeste. C'est là que notre voix intérieure opère. Comme un compas pour un navire, elle indique spontanément une direction. Mais encore faut-il apprendre à lui prêter une oreille attentive, à ne pas la contraindre et la laisser s'exprimer. Il y a probablement dans ce lâcher-prise un petit grain de folie. Un peu de courage, aussi, à ne pas choisir le chemin balisé du calcul. Capter cette voix, c'est apprendre à mieux se connaître. L'expérience nous permet de l'appréhender en confiance. L'hypnose en révèle la face cachée. « C'est avec la logique que nous pouvons et avec l'intuition que nous trouvons », disait le mathématicien Henri Poincaré. L'intuition ne peut à elle seule résoudre un problème donné, sans logique, raisonnement analytique ou expertise dans un domaine. En revanche, elle permet de défricher un terrain. Elle se nourrit de la connaissance, d'une mémoire à long terme sédimentée. Expertise, perceptions et logique furent les moteurs des plus grandes avancées.

Je me dis souvent : « Suis ton intuition, ta première impression. » Quand j'opère, ma concentration débute au petit matin, dans ma voiture, quand je quitte mon domicile. Quand j'entre dans le bloc opératoire, mon état d'esprit est exactement le même qu'au moment d'une compétition sportive.

Une autre intervention chirurgicale m'a également marqué : un jeune homme de vingt-sept ans, opéré quatre fois sans succès des cordes vocales à l'étranger. Le but était d'abord de permettre à ce jeune homme, en bonne santé par ailleurs, de respirer correctement et de récupérer sa voix. Croyant que c'était de l'eau, il avait avalé par accident de l'eau de Javel, qui avait brûlé son larynx. Il respirait très difficilement. Il fallait l'opérer en urgence dès le lendemain matin. À l'examen de son larynx, j'ai observé une synéchie des cordes vocales : elles étaient collées sur presque toute leur longueur. Je m'interrogeais alors sur la conduite à tenir. Cette intervention, sous anesthésie générale, nécessite une intubation pour le ventiler pendant l'opération. Le soir précédant la chirurgie, je me parlai à moi-même : « C'est une intervention délicate. Faut-il faire une trachéotomie d'emblée, pour permettre de le ventiler ? Comment pourrait-il être anesthésié, puisque la sonde d'intubation ne peut passer dans ce larynx trop étroit ? Il faut éviter à tout prix la trachéotomie. » L'équipe était parfaitement rodée. Ce type de chirurgie se fait par la bouche, à l'aide d'un laryngoscope, d'un microscope et par laser.

On oxygéna le malade pendant dix à vingt minutes avant de l'endormir. Tout était prêt au cas où nous aurions dû avoir recours à une trachéotomie. Car en cas de doute, prévoir permet de ne pas se laisser surprendre par l'urgence. Le malade était jeune. Il pouvait supporter une apnée pendant près de six minutes. Ce laps de temps m'a permis d'ouvrir une partie des cordes vocales au laser et de l'intuber. La trachéotomie a pu être évitée. J'ai terminé mon intervention par vidéochirurgie. Quelques heures après le réveil, la respiration était normale, la déglutition satisfaisante, sa voix était rauque. Le patient ne souffrait pas. Il m'appela quelques semaines plus tard, il avait retrouvé une voix correcte. Pour réussir, j'avais donc eu besoin de cette « autodiscussion », de l'intelligence collective de l'équipe chirurgicale et d'une certaine expérience des situations.

Chez les sportifs, la discussion avec soi-même est primordiale. Elle encourage, permet de se dépasser. J'ai participé à de nombreuses compétitions de natation. Cette voix m'a aidé à persévérer et à gagner. Il me semble que cette puissance de l'autoconviction est encore plus fondamentale et stimulante dans une discipline comme le marathon. Cette petite voix accompagne les sportifs pendant 42,195 km. Au « mur » du trentième kilomètre, comme l'appelle les marathoniens, elle aide à ne pas faillir. « Allez, on lâche rien ! Plus que douze kilomètres. » Au quarantième, elle ordonne, impose un rythme et développe une force qui ne laisse pas de place au questionnement, à la fatigue, aux crampes :

l'arrivée est proche et rien ne nous en détournera. À deux cents mètres de la ligne, on ne sent plus la douleur, on s'envole et la voix, exaltée, jubile.

Pour les compétiteurs, les créatifs, les managers, la voix intérieure est comme un coach intérieur. Se dire « je vais gagner », c'est ancrer une certitude. Cette voix se travaille, se « muscle ». La force intérieure n'a rien d'inné. On dit des sportifs qu'ils ont « du talent ». Mais pour peu que l'on soit doué, c'est le travail qui permet l'exploit. Avec des entraînements réguliers, elle renforce la confiance en soi. Sa puissance accompagne la nôtre. Une fois enracinée, elle guide littéralement les entraînements et les performances. Avec l'autostimulation, c'est une sorte de programmation neurolinguistique (PNL) interne qui se met en place. Comme le disent tous les entraîneurs : « Perdre permet de gagner une expérience. »

Cette persévérance du sportif dans l'effort au-delà de ses limites est remarquable. Ce langage intérieur contribue à ses exploits et à nos réussites de chaque jour. C'est une question de voix et non de science-fiction que de dire : « Que la force soit avec toi. »

11.

Les collisions de l'intime conviction

La voix de l'avocat gouverne sa plaidoirie et son audience, comme un comédien son public. Les éventuelles improvisations restent des adaptations rhétoriques de ce qu'il connaît du dossier. Il faut du talent pour convaincre l'autre par sa verve. C'est par un dialogue avec lui-même, entre silence et musicalité de la voix, qu'il capte l'attention des jurés. Il oriente leur logique de pensée par ses mots et ses non-dits. Le silence entre les mots donne un rythme et une émotion, que ce soit au cours d'une plaidoirie, d'une conférence, ou en disant une tirade d'*Hamlet*. Il s'impose à celui ou celle qui écoute, lui dicte sa manière de comprendre. L'autre devient le récepteur et, paradoxalement, a le sentiment de devenir l'acteur, par le jeu des neurones miroirs. Il s'approprie le texte de l'avocat.

Devant une cour d'assises, la voix est l'arme de la défense et de l'accusation. Tout est oralité. Dans l'enceinte du tribunal, l'accusé est assis, isolé dans son box. Le procès peut commencer. Le président demande à l'accusé de se lever et de décliner son identité, sa profession, sa date de naissance et son domicile avant que les faits ne soient exposés. C'est le moment le plus important du procès. Les jurés font connaissance avec l'accusé par sa voix, par laquelle son émotion retentit dans la salle d'audience. L'accusé se nomme. Il existe. Il devient réel. La voix peut trahir l'innocent si elle est désagréable, ou innocenter un coupable lorsqu'elle est séductrice.

En 1912, André Gide avait compilé ses *Souvenirs de la cour d'assises*, dans lesquels il s'attardait presque systématiquement sur les voix des différents protagonistes. Il y racontait que les jurés étaient parfois collés au siège par la puissance des plaidoiries, ou, au contraire, qu'un homme à la « voix déplaisante » n'avait pas « su se faire écouter » et que, dès lors, « l'opinion [était] faite, quand bien même on en viendrait à découvrir » qu'il était innocent. Comme si la culpabilité réelle passait au second plan. Les différentes voix du procès font le verdict.

Lorsque l'avocat général se dresse dans sa robe rouge, il impose le respect. Sa voix attaque. Le président, l'avocat de la défense, l'accusé ainsi que les jurés l'écoutent. La voix est séductrice, autoritaire et accusatrice. Le timbre, la vigueur et la conviction du tribun imposent ses conclusions comme on assène une vérité.

L'avocat de la défense se lève à son tour. La joute oratoire peut commencer. Tel un combat de chevaliers dans lequel l'épée a cédé la place au verbe. Le choc du réquisitoire est tel que tout le monde est impatient de connaître les premiers mots de l'avocat. Va-t-il convaincre ? Sera-t-il écouté ? C'est le silence qui suit ses premiers mots qui confirme si le ton est juste, si la force est suffisante.

Les jurés délibèrent après avoir écouté ces voix qui nourrissent l'intime conviction. L'intime conviction, c'est la voix intérieure devant faire abstraction de l'autre, mais qui reste pourtant soumise à la charge affective des harmoniques des voix perçues pendant le procès. Le verdict, étymologiquement le *vraiment dit* (si on reprend l'origine anglo-normande du XIIIe siècle), est plutôt le reflet de ce qui est vraiment entendu.

L'oreille est très sensible à la variabilité du rythme, du ton de la voix et des silences. Dans un procès d'assises, c'est l'oreille des jurés qui est attentive à ces nuances. La voix est la pièce maîtresse du procès. Celle du procureur général ou de l'avocat de la défense, se rapprochant des témoins et des jurés, a un pouvoir encore plus impressionnant car elle est encore plus incarnée. Intime ou autoritaire, le langage du corps joue son rôle. L'avocat s'éloigne en haussant le ton, en chuchotant ou presque, prend une voix de confessionnal. En alternance, on note des silences interrogatifs. Ce qui est un art en soi.

L'intime conviction des jurés est immatérielle et respectée. La décision est prise « en son âme et conscience », aux termes de l'article 353 du code de procédure pénale. « La loi ne leur fait que cette seule question, qui renferme toute la mesure de leurs devoirs : "Avez-vous une intime conviction ?" » Cet article semble déborder de la seule objectivité juridique. La voix, à toutes les étapes du procès, pèse dans la balance.

L'intime conviction est assurément subjective. En France, jusqu'à une réforme de 2011, les arrêts de cour d'assises n'avaient pas besoin d'être motivés (à l'image des décisions rendues par n'importe quelle autre formation de jugement), car on considérait que cela n'était pas compatible avec l'intime conviction qui, à elle seule, devait emporter la décision finale. Cette réforme a également introduit la possibilité d'un réexamen de la décision par une cour d'assises statuant en appel. Avant 2011, l'intime conviction des jurés ne pouvait donc être questionnée ni remise en cause (hors cassation). Cela dit quelque chose du statut à part, presque mystique, de ces voix de citoyens anonymes (ils portent des numéros pour éviter d'éventuelles représailles). C'est une voix intérieure et c'est la voix de la société tout entière.

Aux assises, l'intime conviction des jurés se transforme en verdict. Ce qui est resté intérieur pendant plusieurs jours ou semaines, acquiert une réalité matérielle : la sentence. Pendant toute la durée du procès, ces citoyens tirés au sort ne disent rien. Ils restent silencieux, presque immobiles, assis les uns à côté des autres. Les avocats leur parlent, les invectivent, cherchent à percevoir dans leurs yeux ce qu'ils pensent, ce qui les intrigue, ce qu'ils gardent pour eux. Seul ce regard parle. Ces femmes et ces hommes écoutent toutes les autres voix et découvrent avec elles en quelques semaines la personne qu'on leur demande de juger. Ils ne la connaissent pas. Les jurés ont leur propre personnalité, leur histoire. Un garagiste, un médecin, un chef d'entreprise ou une secrétaire ne jugeront que par rapport à leurs expériences, pouvant remonter à l'enfance, et aux épreuves de leur vie. L'influence de la voix de chaque juré entre eux va jouer un rôle prépondérant. Sidney Lumet, dans son film sublime *Douze hommes en colère*, le montre admirablement. Dans ce huis clos, où chacun peut se projeter, il y a douze cœurs, douze vies, douze manières d'écouter et de juger. De la collision par la voix d'opinions différentes, sortira une seule Voix qui imposera la décision : coupable ou innocent.

12.

Hormones, désir et transidentité

Notre voix est étroitement liée à notre sexualité et notre sensualité. Les hormones exercent une influence puissante, explosive même, et parfois étonnante sur nos désirs, notre plaisir, nos envies. La voix est également le marqueur essentiel de notre genre, centrale pour la séduction, capitale dans la construction de notre identité. Elle rassure, attire ou repousse, elle chuchote les fantasmes et crie les orgasmes. Les mots et les silences que nous faisons vibrer nous permettent d'être *In the mood for love*, titre du magnifique film d'amour impossible de Wong Kar-wai (2000). Petit voyage dans le monde de nos sens, avec un détour par les hormones, carburant de nos désirs.

Les hormones sont essentielles au fonctionnement de nos envies et plaisirs. D'un côté, il y a la dopamine. Hormone du désir, la dopamine active ce qu'il convient d'appeler le « circuit de la récompense » : lorsqu'elle est libérée, elle suscite en nous un plaisir que l'on souhaite réitérer. Elle est par exemple impliquée dans l'action de se nourrir. C'est parce que manger m'a procuré du plaisir, via une sécrétion de dopamine, que je vais chercher à me nourrir de nouveau. Elle entre également en jeu dans la consommation de drogues et dans le désir sexuel. C'est la dopamine qui fait que les rats de laboratoire peuvent oublier de se nourrir et préférer appuyer sur le bouton qui leur provoque une sécrétion qu'il souhaite chaque fois plus importante, par le biais d'un stimulus électrique. Les drogués augmentent la puissance des drogues pour conserver le même niveau de plaisir lié à l'assouvissement de leur désir : c'est une course au désir et pas une course au plaisir.

Pour mettre en lumière le rapport de nos désirs à l'habitude, une expérience a été réalisée sur des singes (*The Molecule of More*, Daniel Z. Lieberman et Michael E. Long, 2018). On leur a donné une première fois de la nourriture, associée à une petite lumière colorée. La dopamine, synonyme de satisfaction du désir, est montée en flèche. On a répété cette action et, à chaque nouvelle bouchée, la dopamine sécrétée diminuait : le singe avait de moins en moins faim et désirait donc de moins en moins le prochain aliment. On a alors changé la couleur de la lumière : la dopamine remontait. Un désir un peu différent était né dans le cerveau du singe. Dans la monotonie, le plaisir finit par s'ennuyer et disparaître.

De l'autre côté, il y a l'ocytocine, l'hormone du plaisir. Les rôles respectifs de la dopamine et de l'ocytocine, du désir et du plaisir, s'articulent et s'entretiennent mutuellement. Lorsqu'on rencontre quelqu'un qui nous plaît, on ressent le désir (dopamine) d'éprouver du plaisir (ocytocine) avec cette personne. L'ocytocine est assez logiquement l'hormone de l'amour, mais également de l'amitié ou de l'attachement parental. Elle conditionne nos liens aux autres, notre confiance, notre sexualité, notre empathie.

Des chercheurs (L. Seltzer et al., 2012) ont sélectionné trois groupes de jeunes filles entre dix et douze ans, à qui l'on faisait passer un examen très stressant. Le stress augmente la sécrétion de cortisol et d'adrénaline. Il suffit de tester le taux de cortisol pour le constater. Sans surprise, on pouvait donc observer, avant l'épreuve, des taux très élevés de cortisol. À l'issue de l'examen, chaque groupe se dirigeait vers une tâche différente. Le premier groupe regardait un film. Le cortisol restait élevé encore plusieurs heures. Cela n'avait pas vraiment d'effet sur le stress, qui persistait. Pour le second groupe, les mères étaient présentes pour prendre leurs enfants dans leurs bras et leur parler à la fin de l'examen. Leur voix était comme une caresse apaisante. Le cortisol baissait alors en quelques minutes pour être remplacé par de l'ocytocine. Pour le troisième groupe, chaque fille avait le droit d'avoir sa mère au téléphone. Résultat ? Comme pour le deuxième groupe, le taux d'ocytocine montait quand celui du cortisol baissait rapidement. C'est donc la voix, indépendamment du toucher, qui provoque la chute du stress (cortisol) pour faire monter le plaisir (ocytocine). La voix jouait un rôle d'antistress, ce qui n'est pas pour nous étonner. Elle est essentielle en psychothérapie.

Dans l'équation du désir sexuel, il ne faut pas oublier une autre hormone : la testostérone. Produite par les gonades (testicules et ovaires) et les glandes surrénales, la testostérone est nécessaire au développement et au comportement sexuel de l'homme et de la femme, même si celle-ci en produit 40 % de moins. C'est le taux de testostérone qui conditionne certaines caractéristiques physiques chez l'homme, comme la morphologie, la pilosité ou la voix. À la puberté, la voix déraille chez le garçon avant de devenir grave sous l'effet d'une très importante sécrétion de testostérone.

Les voix graves ont davantage d'effet sur la femme lorsqu'elle est en période d'ovulation. Ce n'est pas quelque chose d'étonnant lorsqu'on songe au règne animal. Le brame du cerf en est l'exemple le plus évident. Sa voix grave attire les femelles car elle témoigne d'une dose importante de testostérone et donc d'un potentiel plus important à procréer. Ces grands râles que l'on entend dans nos forêts au début de l'automne créent un espace de domination par la voix, sa puissance, sa hauteur. Mais il ne faut pas oublier que les phéromones des femelles suscitent aussi le désir du mâle, qui réagit à cette stimulation en engageant des comportements de séduction et une sécrétion de testostérone, faisant qu'un désir mutuel s'installe. Des chercheurs (D. Puts, 2006) ont réuni et fait danser des personnes de différentes classes d'âge. Ils ont observé que la séduction était beaucoup plus rapide lorsque la voix de l'homme était grave. Si c'est la musique qui rapproche, c'est bien la voix qui permet de séduire.

De manière peut-être plus surprenante encore, les hommes et les femmes à voix graves ont des relations de plus long terme (N. Pipitone, G. Gallup, 2008). Les voix graves nous rassurent, sont plus apaisantes. On recherche peut-être davantage ces voix pour construire une relation.

Chez la femme aussi, la testostérone séduit, excite et joue un rôle sur la libido (D. Puts, 2014). Sans elle, pas de désir érotique. La voix devient monocorde. Sensualité, charme et voix sont intimement liés. Cette hormone est à son plus haut niveau chez la femme au moment de la préovulation. Les œstrogènes sont sécrétés dans les deux premières semaines du cycle et la progestérone au moment de l'ovulation, par le follicule. Lorsque la progestérone retombe à zéro en fin de cycle menstruel, en même temps que la testostérone, le désir chute, et l'humeur est parfois altérée. Cette période du cycle modifie souvent la voix, qui est plus fatigable, légèrement éraillée avec une perte des aigus, et un reflux gastrique qui dessèche les cordes vocales. Cela a une influence sur un tiers des femmes. C'est ce qu'on appelle syndrome prémenstruel vocal. En prenant la pilule contraceptive, ce syndrome n'existe plus, alors que la variation de testostérone persiste.

Dans *Les Mille et Une Nuits*, le plus célèbre des recueils de contes, le sultan Shahriar a pour habitude de faire exécuter, tous les matins, la femme avec laquelle il s'est marié la veille. Lorsque la fille du grand vizir, Shéhérazade, épouse Shahriar, elle conçoit un plan pour éviter le sort funeste qui lui est promis. Chaque nuit, sa voix séduit et charme le sultan en lui disant un conte. Mais la fin est systématiquement reportée au lendemain. Ce sont les premiers *cliffhangers* de l'Histoire, ces fins d'épisodes de série qui rendent insupportable l'attente de l'épisode suivant. Elle procède ainsi pendant mille et une nuits, avant que le sultan, gagné par le charme de sa voix et l'amour, renonce au châtiment qui lui était promis. Sa voix a sauvé son futur. Je pense que si elle avait eu une voix de crécelle, la série n'aurait eu qu'un seul épisode…

Si on avait pu doser la dopamine chez le sultan qui écoute Shéhérazade, on aurait vu son désir monter, de plus en plus haut, jusqu'à la millième histoire. La voix de Shéhérazade est faite de silences. Ce sont ces silences, au milieu de la nuit, qui créent l'attente, suscitent le désir. La sécrétion de dopamine stimulant le désir, elle entraîne la sécrétion d'ocytocine, hormone du plaisir dont la récompense ici est l'amour.

On raconte qu'en amour, l'attente permettrait de décupler le plaisir. Cette promesse de jouissance accrue a souvent pris la forme d'une rétention au nom de la morale. Quand les poètes et les hédonistes voyaient dans l'attente une longue danse érotique, les morales conservatrices en faisaient un outil de contrôle social. Cela n'empêchait pas certains jeunes gens de s'abandonner au plaisir, en pensées ou en actes.

En fait, aussi longtemps qu'on ne cède pas au plaisir, qu'on ne le « consomme » pas (pour reprendre un terme marital), on permet au désir de croître, au taux de dopamine d'augmenter. Et lorsqu'on fait l'expérience de ce plaisir, la dopamine chute, au profit de l'ocytocine, dont on espère que la sécrétion sera plus élevée. La philosophie de l'attente érotique doit être distinguée de celle de l'abstinence : la première cherche à maintenir le taux de dopamine à un niveau élevé, alors que la seconde cherche au contraire à vaincre le désir et diminuer le taux de dopamine sans pour autant le satisfaire (le désir meurt sans plaisir : si on n'a pas ressenti le plaisir, on s'en désintéresse). L'Amour joue de cet équilibre de désir et de plaisir, et notre voix les traduit : rien n'exprime mieux le désir que les mots des poètes, rien n'exprime mieux le plaisir que les mots de l'être aimé. La récompense ici est l'être cher. Pour l'artiste sur scène, c'est la réponse du public.

La pulsion sexuelle peut entraîner une pulsion vocale : c'est le cri lors de l'orgasme. Il y a une libération complète du souffle et d'une force intérieure. Dans un domaine totalement différent, le cri du tennisman ou de la tenniswoman permet de serrer les cordes vocales, les fermer, pour augmenter la puissance musculaire abdominale. Le cri reflète la force intérieure. Bien sûr, il y a des orgasmes silencieux, qui ne sont pas moins puissants. Il y a vraisemblablement une composante sociale et culturelle importante dans la manière d'exprimer la jouissance. Mais ce mélange de puissance intérieure et de relâchement conduit souvent à nous exprimer sous forme de râles (plus ou moins gracieux).

*

La voix, nous le disions, est très influencée par nos hormones. Plus la testostérone est élevée, plus la voix est grave, chez l'homme comme chez la femme. Cette sécrétion de testostérone envoie également un message à l'autre et la voix cherche alors à séduire. Il y a une assez forte différenciation de la voix entre hommes et femmes. Cela est-il lié à nos gènes ? Certes, les gènes influencent nos caractéristiques physiques, qui déterminent ensuite nos caractéristiques vocales – comme nos caisses de résonance par exemple. Il existe également une très importante influence culturelle et mimétique de la voix. Mais la hauteur de notre voix reste avant tout déterminée par nos hormones. Elles permettent l'harmonie entre notre corps et notre voix. Si la voix est chaotique au moment de l'adolescence, elle trouve sa stabilité avec l'équilibre hormonal.

Ce caractère extrêmement genré de la voix fait que, chez les personnes transgenres, la voix est un élément fondamental au moment de leur transition. C'est aussi ce que l'on prend en charge en dernier, pour permettre l'harmonie avec leur image.

L'influence de la testostérone est définitive sur le corps et sur la voix. Un homme transgenre (à qui a été assigné le genre féminin à la naissance) qui reçoit des injections de testostérone aura une voix plus grave définitivement. La transition de la voix est beaucoup plus délicate pour les femmes transgenres. Il faut davantage transformer le corps et travailler la voix, entraîner jusqu'à la manière de rire (c'est souvent cette spontanéité, indépendamment de la volonté, qui « trahit » la transition, car elle est plus profondément ancrée). L'orthophonie est indispensable. Chez la femme transgenre, ce travail permet de mieux placer la voix, son rythme, ses intonations, sa prosodie et sa mélodie. Il permet aussi à la personne de se reconnaître dans son identité de genre.

La testostérone, en tant qu'hormone des voix graves, est l'obstacle de l'homme qui devient une femme, et l'avantage de la femme qui devient un homme. La voix et son changement ont un impact important sur la psychologie si elle n'est pas en adéquation avec la personne, son corps, ses projets. Lorsqu'il y a rupture entre ce qu'elles sont et ce qu'elles paraissent, les personnes trans traversent parfois des périodes difficiles, voire des dépressions. Le regard, les mots et l'écoute de l'autre peuvent les détruire.

En tant que chirurgien, j'ai été amené à opérer des femmes transgenres dont les rires et les toux trahissaient leur sexe de naissance. Si l'apprentissage, l'orthophonie et la prise d'hormones féminines (œstroprogestatifs) ne fonctionnent pas, il existe deux possibilités de chirurgie : ou bien on amincit les cordes vocales grâce à une opération au laser, ou bien on fait remonter le larynx, comme pour le mettre en permanence en position de voix de tête.

Chez l'homme, ce sont les testicules qui produisent la testostérone. Il faut donc pratiquer une castration chimique ou chirurgicale chez la femme transgenre. Les ovaires produisent les œstrogènes, la progestérone (seulement jusqu'à la ménopause) et une partie de la testostérone (les glandes surrénales, au-dessus des reins, produisent également de la testostérone). Ovaires et testicules ont bien entendu une fonction reproductrice. Mais comme il n'y a plus d'ovulation à la ménopause, l'ovaire ne sécrète plus de progestérone, et devient une glande « seulement » hormonale, produisant des œstrogènes et de la testostérone. C'est la raison pour laquelle la voix des femmes ménopausées devient plus grave.

Mais avec l'âge, si la voix n'est plus entraînée, les cordes vocales, qui sont des muscles, s'atrophient et deviennent plus fines. La testostérone ne peut plus jouer son rôle au niveau des récepteurs hormonaux des cordes vocales. C'est ce qui fait que, pour certains, la voix devient plus aiguë autour de 80 ans.

*

Le désir est une stimulation, et la voix, entre autres moyens, traduit ce désir. La voix capte l'attention de l'autre (comme chez l'orateur), voire provoque elle-même du plaisir lorsqu'elle fait résonner en nous des éléments particulièrement sensibles, que ce soit par le téléphone rose, des enregistrements et des podcasts. Si tout le monde n'est pas sensible à ce plaisir, cela reste néanmoins une preuve de plus, s'il en fallait, que la voix est aussi sensuelle que sexuelle.

13.

Sous emprise

« Allô ? Ici Jean-Yves Le Drian… » Le préfet de la Drôme est persuadé d'être au téléphone avec le ministre de la Défense, qui lui demande de rédiger un courrier officiel pour remercier une tierce personne. L'homme derrière cette voix est Gilbert Chikli, cinquante-quatre ans, soupçonné d'avoir escroqué plusieurs dizaines de millions d'euros entre 2015 et 2016 avec six autres complices. Arrêté en 2017 en Ukraine et jugé en France, il est considéré comme le cerveau de l'affaire. C'est maître Delphine Meillet, que je connais bien, qui fut avocate du ministre sur ce dossier et qui m'a rapporté les faits. Chikli a le triste honneur d'être considéré comme l'inventeur de l'arnaque dite du « faux président ». Ce faussaire de la voix s'est aussi fait passer pour le chef spirituel des musulmans chiites ismaéliens, Karim Aga Khan IV, afin de récupérer 20 millions d'euros sur des comptes à l'étranger.

La demande est toujours pressante. Les escrocs demandent à leurs interlocuteurs, qui sont des personnalités, des entreprises ou des ONG, d'aider la France à payer des rançons pour libérer des otages ou financer la lutte contre le terrorisme. Le procès du faux ministre de la Défense dévoile l'étonnant pouvoir et l'efficacité de la voix dans le contrôle de l'autre. Cette voix ne semble pas douter. La méthode est simple. La phrase-clé est : « Je vous rappelle dans un quart d'heure. » Cela donne l'impression d'une vraie mission à accomplir sans tarder. Le tribunal correctionnel écoute avec attention les enregistrements téléphoniques. Ils comparent la voix du vrai Jean-Yves Le Drian à celle du prévenu. Certes, dès la première écoute, on se rend compte que la correspondance vocale n'est pas parfaite. Mais le timbre est ferme, la demande urgente, le débit rapide. Des personnes connues ou confidentielles de l'entourage du ministre sont mentionnées par-ci par-là. Au total, quatre expertises scientifiques sur les voix ont été menées durant l'instruction, pour essayer de déterminer la culpabilité de Chikli. Pour certains extraits, la ressemblance entre sa voix et celle de la supercherie téléphonique est établie avec un degré élevé de certitude. L'empreinte vocale est notre signature. Elle est le bruit qui entoure les harmoniques lors de l'émission vibratoire. Cependant, les technologies et microphones, « transformateurs » des voix, peuvent altérer cette empreinte. Dans ce cas précis, on n'a pas eu besoin de recourir au Batvox, un logiciel de reconnaissance vocale qui a fait tomber l'ancien ministre Jérôme Cahuzac, pour authentifier la voix du falsificateur. Pour l'identifier, il faut faire dire au faussaire les mêmes phrases qu'il a prononcées, et les comparer avec l'enregistrement de l'arnaque. Dans la très grande majorité des cas, le diagnostic est sans ambiguïté. Le pourcentage d'erreur est très faible. Mais il subsiste toujours un doute, car dès qu'il s'agit de la voix, l'émotion et la raison sont difficiles à discerner. Et c'est là où maître Meillet est particulièrement percutante. Elle interpelle l'assemblée et la prend à témoin : « Enfin, dans cette salle, nous avons tous ressenti qu'il s'agissait de la même voix, n'est-ce pas ? » Elle mentionne le scientifique pour qui la probabilité de correspondance semble la plus élevée et joue sur l'émotion. Certains accusés ont même utilisé un masque en silicone à l'effigie du ministre pour tromper leurs victimes contactées par visioconférence. Mais la voix reste l'élément déterminant de l'emprise et la principale preuve. Cette histoire digne d'un thriller politique a inspiré un film, réalisé par Pascal Elbé (*Je compte sur vous*, 2015).

Pour conclure, l'avocate m'a confié qu'une telle escroquerie n'aurait pas pu fonctionner avec la seule voix. Un stratagème complexe était à l'œuvre. Ces escrocs jouaient sur les pulsions primaires, la peur, la défense, la sécurité, en mentionnant par exemple des noms de proches de la victime. À cela, ils ajoutaient du patriotisme (quelqu'un appelait du ministère pour demander de « rendre un service à la France ») ainsi que des falsifications de courriels et de notes officielles. Le tour était joué.

*

En janvier 2014, un haut gradé de l'unité d'élite de la police nationale, le RAID (Recherche, Assistance, Intervention, Dissuasion), entre dans mon cabinet. Sa voix est rauque, difficilement audible, enrouée. « Ma voix est cassée, cela me gêne beaucoup dans mes missions. » Cela m'a semblé plutôt cocasse pour un policier. Et de continuer : « Vous savez, mon arme principale n'est pas un fusil. C'est ma voix. » Sportif de haut niveau, non fumeur, la cinquantaine, il dirigeait les négociations avec des forcenés, notamment dans les prises d'otages.

La personnalité du négociateur, sa voix, son timbre sont essentiels pour convaincre dans ces situations. La voix du ravisseur suscite la terreur et assoit son imaginaire. Le langage du négociateur est bien particulier. Il emprunte la manière de parler du terroriste, utilise des mots qu'il connaît bien et même son dialecte parfois. Il prend le langage de l'autre pour s'insinuer en quelques mots dans sa vie privée et absorber ses émotions. Mais c'est aussi la musicalité de sa voix qu'il adapte. Des chercheurs du laboratoire de Sciences et Technologies de la musique et du son[1] ont analysé différents types de voix. Certaines caractéristiques permettent de reconnaître une voix honnête, une voix confiante, ou au contraire une voix mensongère ou méfiante. Ils ont également montré que ces signatures étaient similaires dans plusieurs langues (français, anglais, espagnol) et qu'elles étaient traitées de façon « automatique » par le cerveau. La prosodie atteste en quelque sorte de la véracité des informations. Les scientifiques cherchent aujourd'hui à comprendre la manière dont les locuteurs produisent effectivement ces différents types de prosodies en fonction de leurs intentions. Ainsi, une voix convaincante et loyale a une signature acoustique particulière : la hauteur des vibrations descend en fin de mot, l'intensité est forte au milieu du mot et la diction est rapide. Cette signature prosodique est à la fois celle de la certitude et celle de l'honnêteté. L. Goupil et ses collaborateurs[2] ont montré que les auditeurs perçoivent cette signature indépendamment de leurs connaissances conceptuelles et de leur langue maternelle. Ils la traitent de manière non consciente et automatique, ce qui influe sur la manière dont ils mémorisent les mots prononcés. Ces résultats

1. Unité mixte de recherche entre le CNRS, l'Ircam, Sorbonne Université, le ministère de la Culture et le Laboratoire des systèmes perceptifs.
2. L. Goupil, E. Ponsot, D. Richardson, G. Reyes, J-J. Aucouturier, « Listeners'perceptions of the certainty and honesty of a speaker are associated with a common prosodic signature », *Nature Communications*, 8 février 2021.

mettent en exergue une importante adaptation auditive à la voix, qui permet aux auditeurs de détecter et de réagir rapidement au manque de fiabilité de celle-ci.

Aujourd'hui, un forcené ou un preneur d'otage peut avoir accès à Facebook ou à d'autres réseaux sociaux et les utiliser pour communiquer. Cependant, négocier de vive voix reste toujours beaucoup plus efficace. Le souffle et les silences parlent. Lorsque le discours est confus ou chaotique, c'est souvent qu'« une voix en cache une autre ». Le négociateur doit comprendre la demande mais également le contexte psychologique du terroriste. Cette personne est-elle sous l'emprise d'un gourou, d'une cause, de médicaments, d'alcool, de drogue, d'une bouffée délirante ? L'essentiel est d'installer un dialogue. Cela se fait souvent en équipe, avec deux types de négociateurs : un premier qui fait partie du RAID ou du GIGN, un second indépendant.

Les négociateurs ne se décrivent pas comme des psychologues, mais plutôt comme des intervenants dotés d'une bonne « intelligence émotionnelle », d'une faculté d'adaptation, de patience et d'écoute. L'intelligence émotionnelle est la capacité d'identifier les émotions, ce qui est primordial ici. Ils doivent savoir négocier sans juger, être empathiques et si possible factuels.

Un preneur d'otage a besoin de communiquer, de médiatiser pour jouer sur la peur. Par son langage et la musicalité de sa voix, le négociateur calme la situation et stabilise l'environnement. Cela est capital pour sauver les civils, éviter des dégâts collatéraux et la mise en danger des policiers ainsi que du forcené, pour qui l'issue peut être fatale. Près de 80 % des interventions du RAID dans ce type de situations sont réglées par la négociation. La voix est donc une véritable arme de dissuasion. Mais celle-ci doit être sincère, son débit naturel et la respiration rassurante. L'écoute du forcené permet de gagner sa confiance. Le négociateur ne doit pas mentir. Le terroriste est très attentif au son de sa voix. Il traque les moindres défauts, la moindre intonation truquée. Dans la négociation, la voix est comme un fluide qui coule et s'infiltre dans la psychologie de l'autre, permet de le comprendre et de lui faire comprendre les raisons qui l'ont poussé dans cette action extrême et sans retour. Dès que la brèche est ouverte, le négociateur s'infiltre, sensibilise l'assaillant, le déstresse. Il fait entrer cette personnalité aux abois dans le monde de la raison qui, lui, est contrôlable contrairement à celui de l'irrationnel. Décrypter la voix du forcené permet de trouver les mots qui le feront chanceler.

La voix est primordiale dans le métier de policier en général. C'est une arme d'attaque non létale et de défense. Le négociateur défend avant tout les gens que les terroristes séquestrent. Il doit convaincre qu'il est uniquement du côté des victimes, pas du côté du RAID, du GIGN ou même d'instances internationales. Il n'est ni policier ni juge. Il se doit d'être neutre, autonome, indépendant de toute orientation politique ou religieuse. Il est appelé pour ces actions ponctuelles.

La voix doit avoir une prosodie souple, des silences naturels, un langage avec une remarquable capacité d'adaptation en situation de stress, comme un caméléon. Rien à voir avec l'avocat, la personnalité politique ou les comédiens. Ici, c'est une personne qui parle à une autre personne pour la convaincre. Il n'y a pas d'interaction avec un collectif, dont le regard et la psychologie troubleraient la négociation. Le négociateur a le même langage que le voyou avec qui il discute, le même *voice code*. C'est un corps à corps vocal. Un vocabulaire connu permet au terroriste de se sentir en sécurité. Le négociateur doit parler comme lui. Il connaît, lorsque cela est possible, ses antécédents : d'où il vient, quel est son environnement social ou religieux, comment il en est arrivé là, ce qu'il s'est passé. Il veut montrer qu'il comprend vraiment ses revendications. C'est seulement par cette compréhension mutuelle que la situation se débloque.

Son timbre de voix doit rassurer. Les négociateurs sont donc le plus souvent des barytons chez les hommes, des mezzos ou des altos chez les femmes. La voix ne doit pas être surjouée : trop aiguë, elle n'est pas du tout efficace ; trop grave, elle peut être perçue comme artificielle. Elle doit être chaleureuse, empathique, familière, sans sembler empruntée.

Sa mission consiste le plus souvent à gérer l'imprévu. Il ne peut pas se laisser distraire par un élément, même dramatique, lors de la prise d'otage. L'élocution est simple, directe, parfaitement fluide, les silences habituels.

En face à face, le langage du corps devient un autre argument pour montrer la sincérité du négociateur. Il ne se comporte pas comme un conquérant. Son langage est simple et sobre. Il conserve le contrôle du dialogue. Mais si sa voix est un avantage certain, l'écoute de l'autre et de ses silences est essentiel. Le *body language* témoigne de la fébrilité du forcené, par ses balbutiements, ses trémolos ou les crispations de son visage. Les vibrations de l'une et de l'autre voix deviennent complémentaires et un jeu de silences entre les mots s'installe. Le temps joue en faveur du négociateur pour apprivoiser son interlocuteur et sa détresse. Il cherche à l'amener sur son terrain, l'expression vocale se modifie. La fréquence est celle d'un baryton. L'intensité devient relativement douce, le débit vocal plutôt lent. Lorsqu'il y parvient, c'est que l'issue est proche. La musique de la voix n'est pas scandée mais fluide. Comme pour une chanson, on entend d'abord la mélodie avant de prendre conscience des paroles. Elle est naturelle, loyale, sincère. Le négociateur a été convaincant.

Être stratège, charismatique et avoir une voix qui séduit sont des atouts évidents. Le négociateur prépare toujours ses arguments, réfléchit aux possibles faiblesses de l'autre pour prévoir l'imprévisible et éviter tout blocage. Tous les mots qui le guident sont écrits sur un papier : l'écoute, l'éloquence, le respect, l'élégance, l'interprétation, l'anticipation, la patience. Le respect de l'autre permet d'éviter l'agressivité. Savoir gérer sa peur est crucial. Comme le disait J.F. Kennedy dans son discours d'investiture en 1961 : « Ne négocions pas avec nos peurs. Mais n'ayons jamais peur de négocier. » L'élégance du débat est un facteur d'apaisement. L'anticipation permet d'éviter les complications mais elle va de pair avec l'intelligence émotionnelle une fois sur le terrain. Se préparer permet de se fixer à l'avance les objectifs à atteindre et de prévoir des solutions alternatives en cas de difficultés lors de l'échange. Si l'objectif est simple – sauver les otages avec le minimum de dégâts collatéraux –, il est nécessaire, pour y parvenir, de savoir faire preuve d'une patience parfois étonnante. Le forcené ne doit pas se sentir perdant. Et comme l'a résumé l'expert de la négociation Chester Karrass dans le titre d'un de ses livres : « On n'obtient pas ce qu'on mérite, on obtient ce qu'on négocie. » (*In Business as in Life, You Don't Get What You Deserve, You Get What You Negociate*, 1913).

Le négociateur est du parti des victimes. Dans un autre domaine, les médiateurs, en justice ou dans les affaires, ne sont du côté de personne et doivent faire abstraction de leurs opinions ou valeurs personnelles. Cela nécessite une formation spécifique. Ils ont un code de déontologie. Professionnel à part entière, ils ont une mission : résoudre un conflit et permettre un accord. Il s'assure de la pleine participation des différentes parties à la médiation. Sa voix est celle de l'apaisement, celle qui recherche une solution pacifique dans laquelle personne ne se sent lésé. Il peut être désigné par un juge afin d'entendre les parties et de confronter leurs points de vue pour leur permettre de trouver une solution équitable. Intelligence relationnelle par excellence, le médiateur a une voix qui lui permet de délivrer un message avec efficacité, de capter l'attention, d'exposer de façon paisible les difficultés, ce qui ne va pas de soi. Par sa voix, le médiateur impose l'écoute.

*

Le manipulateur est souvent un pervers narcissique, c'est-à-dire une personne pour qui l'autre est un objet. Il se sert de sa voix comme d'une arme d'emprise et de destruction sur certaines personnes sur lesquelles il exerce un pouvoir. Elle influence l'autre de façon le plus souvent inconsciente pour le manipulateur lui-même.

Une relation sincère peut être conflictuelle tout en restant loyale. Des débats peuvent surgir, la voix se casser, l'harmonie et la musicalité céder la place à la cacophonie. Pourtant, l'objectif reste plus ou moins de tomber d'accord, sans que les hurlements de l'un cherchent à dominer, rabaisser ou humilier l'autre. À l'inverse, le manipulateur ou la manipulatrice ne cherche pas le dialogue dans le vrai sens du terme (qui conduit à une sorte de progrès mutuel et rationnel dans la conversation) mais le monologue. Sa voix s'habille avec des intonations de domination, de culpabilisation de l'autre. Pour le manipulateur, il n'y a pas conflit, mais écrasement et déroute jouissive de l'autre. Son registre de langue est celui de la faute et de l'accusation : « tu, tu, tu ». Le timbre de la voix monte plus souvent dans les aigus. Le débit est un fracas. Le silence de l'autre est retourné contre lui. La réflexion est remplacée par la collision entre son ego et la personne qui lui fait face. L'amour, la tendresse, la conciliation, l'entente n'existent plus. Ses propos doucereux ne sont pas exactement ceux d'un agresseur, mais plutôt d'un destructeur pernicieux. « Pourquoi tu t'énerves ? », « Explique-toi ». Il se positionne en pseudo-victime. Ni excuse, ni pardon, ni remise en cause. En revanche, si l'autre touche par hasard une faille sensible de la psychologie du manipulateur, une véritable furie vocale peut se mettre en marche. Le jeu se dévoile. L'emprise de la voix s'estompe. Il est démasqué.

*

L'hypnose n'a rien de magique. C'est un état de conscience modifié, distinct du sommeil, dans lequel nous nous trouvons tous régulièrement, à des degrés différents. La voix est l'instrument de l'hypnose.

Nous en trouvons les premières descriptions dans des tablettes sumériennes, 4 000 ans avant notre ère. Au XIe siècle, le médecin Avicenne étudie la pratique de la suggestion, qui consiste à inspirer, grâce à l'inconscient (le mot n'existait pas encore), des pensées ou des comportements spécifiques. Plus proche de nous, le guérisseur allemand Frantz Anton Mesmer chercha à imposer l'hypnose comme une activité respectable à partir de 1766, alors qu'elle était considérée comme une pratique irrationnelle ou magique.

C'est le chirurgien écossais James Braid qui a popularisé, en 1843, le terme « hypnotisme » pour désigner cette pratique à la frontière des sciences, du spectacle et, aujourd'hui, de la thérapie. Plus tard, les médecins français jouèrent un rôle important dans son développement, notamment en psychiatrie, du fait de l'influence de l'école de la Salpêtrière à Paris et de l'école dite de la « suggestion », à Nancy.

À la fin du XIXe siècle, le docteur Ambroise-Auguste Liébeault et le professeur Hippolyte Bernheim, à Nancy, développèrent une méthode thérapeutique fondée sur l'hypnose et plus particulièrement sur la suggestion. Selon eux, la voix pouvait ainsi suggérer aux malades la disparition de leurs symptômes. Bernheim disait de Liébeault : « Il endort par la parole, il guérit par la parole, il met par la voix dans le cerveau l'image psychique du sommeil, il cherche à y mettre l'image psychique de la guérison. »

L'approche du professeur Charcot, à l'école de la Salpêtrière, s'opposait à celle de Nancy, en considérant l'hypnose comme un état pathologique. Selon lui, seuls les hystériques ou les personnes prédisposées à l'hystérie seraient sensibles à la suggestion hypnotique. Cette approche, qui se révélera inexacte, va tout de même permettre à l'hypnose d'intéresser le champ médical. En 1885, Sigmund Freud, alors médecin neurologue, découvre les travaux de Charcot sur l'hypnose. Il se passionne pour cette discipline et devient hypnothérapeute.

À Nancy, Freud écrit : « Je fus témoin des étonnantes expériences de Bernheim sur ces malades d'hôpital et c'est là que je reçus les plus fortes impressions relatives à la possibilité de puissants processus psychiques demeurés cependant cachés de la conscience de l'homme. » La voix du praticien était la thérapie. Freud délaisse rapidement l'hypnose, qu'il voit comme une manipulation du sujet, mais reste convaincu de l'importance de la communication verbale. Ses travaux sur l'hypnose lui auront ouvert les portes de l'inconscient et de l'analyse. Il crée sa propre technique : la psychanalyse. Cette dernière implique d'écouter la voix du patient ou de la patiente et non plus d'imposer celle du thérapeute. D'ailleurs, lors d'une séance d'hypnose, l'une de ses patientes lui avait rétorqué d'arrêter de parler et de la laisser s'exprimer.

Ce tournant, de l'hypnose à la psychanalyse, n'est à mon avis pas anodin. En ce qui me concerne, je le trouve passionnant. Il met en évidence deux fonctions de la voix : celle qui gouverne notre conscience et celle qui dirige notre inconscient. Si la voix du praticien aide à guérir, la libre expression par association d'idées permet au patient de se confronter à ses blocages et de progresser.

L'hypnose est aujourd'hui appliquée dans de nombreux domaines médicaux, dont l'anesthésie. La voix du thérapeute est parfois le seul « médicament » efficace, que ce soit contre la douleur ou pour lutter contre des addictions. Les résultats sont satisfaisants. Les IRM fonctionnelles cérébrales ont permis de lever le voile sur le phénomène à l'œuvre et cette pratique longtemps décriée. Certaines aires spécifiques du cerveau sont activées lors de l'hypnose, alors qu'elles ne le sont pas pendant la relaxation ou le sommeil. Les travaux de David Spiegel et Antonio Del Casale ont montré que cela correspondait à une modification de la conscience de soi. On constate une véritable inversion des fonctions du cerveau : les connexions fonctionnelles, exécutives et contextuelles reculent, au profit d'une activité située dans la région profonde du cerveau, celle qui « gère les pensées intérieures et la rumination mentale », selon Spiegel. L'hypnose permet ainsi de « contrôler les réactions physiques en réponse à des pensées et des facteurs de stress » ou de douleur. C'est aussi ce qui fait que « les individus hypnotisés manquent de conscience de soi et font juste ce qu'ils doivent faire sans se préoccuper des implications de ce qu'ils font ou de ce qu'en pensent les autres ».

À quel niveau de notre conscience la voix hypnotique intervient-elle ? On distingue schématiquement deux types de « conscience » lors de l'état de veille ordinaire. La première est la conscience « critique ». Elle perçoit les détails, analyse, décrypte, étudie et nous protège. Cette conscience est plus distante que la seconde, la conscience « hypnotique ». Celle-ci perçoit la globalité. Elle est plus onirique et fait davantage intervenir la créativité et l'imagination. Au cours de la journée, nous oscillons naturellement entre ces deux états, d'une manière plus ou moins fluide, plus ou moins adaptée.

La conscience hypnotique repose sur la dissociation et la sensorialité : mon corps est ici et mon esprit est ailleurs. Par exemple, lorsque je suis seul au volant de ma voiture sur l'autoroute et que je m'ennuie de voir les kilomètres défiler, je peux laisser mon esprit « partir ». Je ne suis pas endormi pour autant ; si j'ai besoin de doubler une voiture, je me « réassocie » sans problème, mets mon clignotant, dépasse et me rabats. Souvent, une fois le calme revenu, mon esprit « repart ».

Le phénomène hypnotique profond entraîne un changement de conscience, de mémoire et de sensation physique. C'est sur cette altération que repose l'anesthésie sous hypnose. La voix de l'anesthésiste cherche à focaliser notre attention sur une pensée, une image, un souvenir, et le fonctionnement intentionnel de notre pensée et de nos gestes recule. Le repos qui s'installe permet de réduire la réaction aux stimuli environnementaux. La respiration et le pouls ralentissent. Le tonus musculaire diminue. La suggestion met en avant des éléments positifs et agréables pour permettre au patient de s'approcher d'un état de transe. Cependant, il existe également un état de transe négative, dans lequel sont non pas amplifiées des pensées agréables mais désagréables. La petite aiguille de perfusion peut sembler énorme. Afin d'éviter cette dissociation et cette sensorialité négative, il est primordial de créer un bon rapport avec la personne que l'on hypnotise, de la rassurer, d'être bienveillant et à son écoute.

Ma première rencontre avec l'hypnose a eu lieu en salle d'opération. Une de mes patientes était anesthésiée sous hypnose. J'ai été extrêmement surpris par l'effet considérable de la voix de l'anesthésiste sur la patiente et sur la salle d'opération, très silencieuse. Il avait une voix douce, de faible intensité, presque fade. Il parlait principalement pendant son expiration. La patiente l'écoutait, s'apaisait. Nous avons parfois tendance à vouloir soulager les angoisses des autres par des poncifs aussi énervants que stressants : « Caaalmez-vous, détendez-vous, touuuut va bien. » C'est souvent pire. Dans l'anesthésie sous hypnose, on parle d'autre chose que de l'angoisse elle-même. On évoque des endroits où la personne se sent bien. Peu importe qu'il s'agisse de palmiers et de plage ou de lit douillet. Au début, le ton reste énergique, le débit assez rapide, à l'image du rythme respiratoire de la patiente. Progressivement, ce rythme et cette intensité ralentissent, deviennent moins musicaux, plus rassurants. De même que, lorsque l'on berce un bébé, le rythme du balancier doit s'adapter à ses respirations, de même la respiration du praticien se cale sur celle de la patiente. On appelle cette respiration synchronisée le *pacing*.

Les mots de l'hypnose sont toujours positifs, car l'inconscient n'entend pas les négations. Par exemple, si je souhaite rassurer un patient et que je lui dis : « Ne vous inquiétez pas. Cela ne fera pas mal et ce ne sera pas long », les informations que retiendra l'inconscient sont « inquiéter », « mal » et « long ». Les mots choisis par l'hypnothérapeute sont équivoques, vagues. Ils comptent moins que la manière dont ils sont dits, que le ton berçant qui accompagne la pré-anesthésie.

La voix de l'hypnose est monotone, monocorde, monochrome, sans émotion, désincarnée. Elle est neutre pour permettre au sujet d'obéir, de s'abandonner, de lâcher prise. Cette voix accompagne l'expiration, moment du relâchement de l'être, et fait appel aux résonances internes non émotionnelles. L'hypnose active nos capacités enfouies, nous permet d'adapter notre comportement face au stress et aux sensations.

Nous sommes bien plus habitués au non-choix, soit qu'il soit imposé par l'autre, soit que notre instinct nous le dicte. L'hypnose nous offre la possibilité de choisir le chemin dans l'espace presque illimité des possibilités pour affronter une situation, même lorsqu'elle semble insoluble.

Pour traiter une addiction, on doit découvrir l'intensité que recherche le patient, le plaisir dont il a besoin, ce qu'il lui apporte. On retrouve ici notre séquence désir – plaisir – récompense. La sécrétion de dopamine, grâce à notre inconscient, joue un rôle déterminant. Le burn out ou la dépression traduisent une conscience désynchronisée avec son échelle de valeur, qui ne peut plus se rebeller et qui laisse une pathologie somatique s'installer. L'hypnothérapeute peut permettre à la psyché d'éviter ce passage à la maladie organique. Déjà Aristote avait attribué tous les phénomènes vitaux à l'exercice d'un principe immatériel logé dans le corps et qui le commande comme le pilote en son vaisseau. La voix de l'hypnothérapeute, la « pilule voix », sert de passerelle entre notre cerveau conscient et notre cerveau profond. L'apaisement, voire la guérison, de cet état de détresse cachée, contenue et intime, permet d'éviter que le conflit en nous-même n'« explose » dans différentes cibles somatiques de notre corps.

Avec de l'entraînement, certaines personnes parviennent à pratiquer l'autohypnose. Dans ce cas, l'hypnotiseur et l'hypnotisé ne font plus qu'un. Voilà un des autres costumes de notre voix intérieure.

Si l'hypnose médicale est l'alliée de l'inconscient, l'hypnotiseur de spectacle, de foire, est un marionnettiste de l'inconscient. Par la suggestion, il crée une situation favorisant la rupture de *pattern*. Le *pattern* désigne le modèle simplifié de comportement habituel, individuel ou collectif, sur les plans psychologique, linguistique ou sociologique. Ce sont les gestes que nous réalisons de façon naturelle. Certains d'entre eux entraînent des réactions en chaîne prévisibles. La rupture de *pattern* consiste à casser une de ces chaînes comportementales inscrites en nous.

Dans l'hypnose spectacle, la voix de l'artiste introduit une incohérence dans ce schéma comportemental préétabli. La surprise et la confusion de l'individu soumis à l'hypnose virent ainsi à la transe, état de conscience modifiée, autant de temps que l'hypnotiseur le désire. Ses suggestions sont directes, autoritaires. L'hypnose spectacle est stupéfiante. Le sujet y est comme l'ombre de lui-même. Il existe un biais de sélection des spectateurs, qui désirent vivre l'expérience hypnotique et sont plus ou moins programmés pour répondre aux suggestions. Certaines personnes sont, au contraire, totalement imperméables à l'hypnose. Il faut, en quelque sorte, l'avoir voulu. Ce n'est pas une science occulte.

On ne peut pas, par l'hypnose, faire faire quelque chose à quelqu'un s'il n'est pas d'accord. Si un spectateur fait la poule sur scène en répondant aux ordres de l'hypnotiseur, c'est que d'une certaine manière il est d'accord pour le faire. Sa voix ne nous influence pas vraiment. « Tout est faux, ce n'est qu'une illusion », considère l'hypnothérapeute Valérie Roumanoff. Ce marionnettiste fait croire qu'il prend le pouvoir sur notre moi. En fait, c'est une illusion de pouvoir sur notre inconscient.

L'état d'hypnose thérapeutique permet au contraire à chacun de récupérer son pouvoir, son pouvoir sur ses émotions, ses comportements, ses actions et sa vie. Paradoxalement, l'état d'hypnose nous rend beaucoup moins influençables que nous pouvons l'être dans un état de conscience naturel.

*

Donner notre parole à quelqu'un est une emprise de la voix sur nous-même. Comment la parole donnée agit-elle sur notre existence ? Deux dimensions différentes du langage coexistent : le signifié est le concept de l'idée véhiculée et le signifiant en est la musicalité ou la rondeur.

Donner sa parole fait à la fois partie des choses les plus intimes et les plus socialement engageantes. Cela reflète un sentiment profond lorsque les gens sont sincères. Ce n'est pas qu'un simple moyen d'expression. La voix doit être suivie de l'acte : c'est cela, la parole donnée. Elle nous engage.

Bien entendu, chacun sait que la parole peut être mensongère, comme chez le manipulateur. Chez ce type de personnalité, le rapport à la parole dite donnée est complètement instrumental et permet avant tout d'aboutir à des fins personnelles. Les mots ne valent pas plus que les êtres, et la notion de vérité disparaît. Le psychiatre Paul-Claude Récamier le résume en une phrase, dans un article de 1986 : « Pour eux, un mensonge réussi compte comme une vérité. » Le mensonge permet d'utiliser l'autre et la parole donnée est un subterfuge. Il y a par exemple le mensonge pour nuire à l'autre, comme dans un faux témoignage. Cette insupportable escroquerie à la vérité, parfois sous serment, peut servir de vengeance et peut tuer. Autre type de mensonge, celui permettant de créer un climat de confiance pour tirer avantage de l'autre. L'autre se trouve comme manipulé de manière insidieuse, vampirisé. Le mensonge du pervers narcissique est encore un peu différent, puisqu'il vise la domination.

Parfois, ne pas dire l'exacte vérité à un patient en phase terminale peut être altruiste, cela lui permet de rester positif dans les jours ou semaines qui lui restent à vivre.

Et puis il y a également des heureux mensonges, que j'appellerais « faux mensonges ». Ce sont ceux qui nous font rêver consciemment, ceux de l'artiste qui parle à nos émotions, nous transporte, embellit sciemment la réalité suivant un contrat tacite avec son public qui choisit de croire, de plein gré et temporairement, à l'autre monde qu'on lui propose. Sa parole est une promesse d'ailleurs qu'il revient à chacun de saisir.

On ne pourrait enfin aborder la parole donnée sans évoquer la prière. Qu'elle confesse, demande grâce ou intercession, la prière fait résonner nos mots par-devers nous. L'homme n'est que parole et la donner revient à tisser les liens qui forment la toile de notre vie.

14.

Le burn out

Pourquoi une voix s'éteint-elle soudainement, en deux ou trois semaines, en deux ou trois jours ? A-t-elle le droit d'être fatiguée ? Peut-elle décider de se taire ? Notre voix est toujours là, au quotidien. Sa présence nous semble normale, naturelle. Mais si elle nous quitte, on comprend la valeur inestimable de cette vibration impalpable et que l'on croyait infaillible. Elle nous manque. Le navire perd son gouvernail.

Quelles sont les prémices de ce phénomène ? On perçoit d'abord une gêne vocale et une sorte d'épuisement, sans y prêter attention. La plupart de mes patients ne comprennent pas ce qui leur arrive. Cela leur semble impossible. Un jour, un simple cri les laisse complètement sans voix (aphone) ou à peine audibles (on parle alors de dysphonie). La veille, ils pouvaient parler ou chanter sans même se poser la question. Et puis cela se répète, comme l'alerte de quelque chose de plus profond. Et il arrive que ce silence prenne racine, qu'une sorte de lassitude vocale perdure, subrepticement, au fil des semaines, au fil des mois. Cela peut-il se prévoir, s'éviter, se guérir ?

Rien n'est irrémédiable. Disons simplement que la voix prend de mauvaises habitudes. Elle se cache dans un silence assourdissant. Notre équilibre est fragile et il en va de même avec l'écho de nos vibrations sonores lorsqu'il y a une rupture de notre moi. La voix qui se modifie traduit un déphasage en nous-même. On peut la vouloir forte, elle est pâle. Elle s'efforce d'atteindre des notes aiguës sans succès. L'anatomie est intacte, mais l'affect ne l'est pas. Il manque l'envie d'avoir envie. Un déséquilibre entre deux entités apparaît : l'instrument-voix et l'émotion-voix. L'instrument-voix est désynchronisé. On est littéralement « tendu » ; l'air mis sous pression par l'abdomen et les poumons arrive sur des cordes vocales très raides, peu élastiques. La tension musculaire cervicale et laryngée est inadéquate. La voix n'est plus le fluide vibratoire qu'elle devrait être. Elle force le passage. La vibration des cordes vocales est asymétrique. Chaque éclat de voix entraîne des frottements et des traumatismes, qui conduisent à la formation de nodules ou d'hémorragies des cordes vocales. À cette observation médicale objective, s'ajoute un autre élément psychologique : l'affect perturbé du patient fait que l'émotion-voix ne suit plus. Cette distorsion entre la voix mécanique et émotionnelle entraîne un conflit. À un moment donné, l'instrument-voix prend le dessus, la pathologie devient physique et doit être traitée pour retrouver l'expression naturelle de l'appareil vocal.

En avril 2021, Monsieur Hector (le nom a été changé), professionnel de la voix, se présenta pour la première fois à ma consultation. Sa dysphonie, suivie depuis un an par différents collègues, ne s'améliorait pas malgré l'orthophonie et différents traitements. Avant même de l'examiner, à la seule écoute de sa voix, j'eus le sentiment que sa pathologie n'était pas seulement « mécanique ». « Comment allez-vous ? — Très bien, à part cette voix qui me trahit. Vous savez, docteur, je n'ai jamais fumé. Je suis enseignant et pédagogue. Et puis j'aime chanter. » Il tint à préciser que, selon lui, le problème n'était pas psychologique mais bien dans sa gorge. En effet, un de mes confrères lui avait diagnostiqué un polype sur la corde vocale gauche.

À mesure que j'examinais M. Hector, mon intuition se confirmait. La face cachée du diagnostic allait se dévoiler. S'il présentait effectivement un petit polype de la corde vocale, sa voix était trop soufflée, presque chuchotée, à peine audible. Cette petite excroissance n'expliquait pas à elle seule une voix aussi altérée et une dysphonie de cette importance. Sa voix trahissait ses émotions, son épuisement. Elle traînait, était accablée, lassée. Cette voix cassée, parfois inaudible, était voilée dans les fréquences graves, sans relief et amorphe. Sur le plan anatomique, cela se traduisait par une perte de tonicité des cordes vocales et une sorte d'inhibition à leur fermeture complète. Elles bougeaient mais ne se rapprochaient pas suffisamment pour que la vibration fût optimale.

Sa voix montrait ses fragilités et racontait son histoire. Dix-huit mois plus tôt, il avait appris que son fils de vingt ans se droguait. Un mois après, sa femme le quittait. Les difficultés professionnelles qu'il rencontrait en tant que professeur au collège s'accumulaient. De semaine en semaine, il avait senti sa vocation et sa raison d'être le quitter. Sa voix en était le messager, pour lui-même et pour les autres. Son témoignage m'avait touché : « Ma voix est engluée, comme moi. Je crie dans le désert. Parfois, je gueule tout seul, mais ce n'est qu'un grand silence. Chez moi, il n'y a plus d'écho. Je ne me sens plus capable de faire face. Ma voix intérieure me lâche aussi. Docteur, pouvez-vous me dire pourquoi ma voix m'a quitté ? » Il parlait de sa voix comme d'une autre personne. Il y avait alors deux explications possibles et complémentaires. En apprenant pour son fils, il lui aurait, selon ses termes, « hurlé » dessus. Sa voix s'était alors brutalement cassée et il ne l'avait jamais récupérée complètement. Il avait vraisemblablement fait un hématome de la corde vocale, pour lequel il n'avait pas consulté. Il n'avait pas su prendre soin de son instrument, n'avait pas mis sa voix au repos, n'avait pas su, littéralement, s'écouter. Sans doute n'en avait-il pas eu la possibilité. Il avait continué à forcer sur sa voix. Cet hématome était devenu un polype. Cette évolution est connue pour ce genre de pathologie. Sa voix étant le véhicule de sa pensée, cette dernière était elle aussi cacophonique. Le tumulte était autant mécanique qu'affectif. « Ma voix ne me soutient plus. Je me sens épuisé. Mes pensées tournent en boucle. Même si je le voulais, je ne pourrais pas parler, ni avec les autres ni avec moi-même. »

Dans un premier temps, il fallait qu'il récupère *son* timbre de voix. Je l'ai donc opéré. Sa voix avait retrouvé ses caractéristiques distinctives, mais elle restait toujours soufflée. L'accompagnement orthophonique dont il avait bénéficié pendant plusieurs mois, sans aucun résultat probant, redevenait nécessaire, associé cette fois à un suivi psychologique. Nous avions réparé son violon, il fallait maintenant l'accorder pour retrouver son harmonie.

*

Comment le burn out peut-il affecter notre voix ? Quelles sont les causes de ces syndromes d'épuisement professionnels ? Chez les professionnels de la voix, l'art oratoire est un investissement important et une source de pression et d'engagement, car il ne faut pas décevoir. Faire un burn out, c'est se retrouver étranger à soi-même, être comme privé de son pouvoir d'agir sur son existence. Les personnes pour qui la voix est un outil de travail, une arme de défense ou de persuasion, peuvent aussi se sentir dans cette impasse. Cela affecte leur expression verbale. La voix est un des chemins de l'esprit. Souvent, mes patients ont recours à des métaphores surprenantes. Elle serait une saveur (« voix de miel », « voix de vinaigre »), une couleur (« ma voix était vive, elle est devenue pâle », « voix en noir et blanc »), une odeur (« voix parfumée », « voix fétide »), un matériau (« voix d'acier », « voix du chêne qui casse, et non plus du roseau »). Lorsqu'elle dysfonctionne, j'entends souvent qu'elle « me trahit », qu'elle « m'échappe », qu'elle « ne m'entend pas ». Chez les artistes, cela est encore plus prégnant. Si l'artiste expose sa voix au collectif, n'oublions pas que ce dernier le vampirise s'il ne se protège pas. Elvis Presley était devenu dépendant du plaisir qu'il apportait aux autres. Le cocktail de dopamine et d'ocytocine jouait son rôle. (Le désir entraîne une sécrétion de dopamine. Ceci conduit, ici, au plaisir de chanter, qui provoque une sécrétion d'ocytocine. Du plaisir au désir, on aboutit à la sublime récompense pour l'artiste, qu'est la réponse du public.)

Le désir, toujours présent, alimente la créativité des artistes de la voix ou de toute autre forme d'art. Mais la passion peut devenir une drogue. L'artiste a une charge périlleuse, car il doit garder toujours le désir de plaire mais ne pas « jouer » à plaire, c'est-à-dire rester sincère. Il ne peut pas se perdre dans une quête de séduction dont il deviendrait lui-même l'esclave. Sa voix ne doit pas le contrôler. Il doit en rester maître.

Si sa voix ne lui appartient plus, si le plaisir n'est que pour l'autre, s'il joue à lui-même et devient ce que les autres veulent qu'il soit, il se dépossède de son art et devient sa propre représentation. J'appellerais cela : un burn out identitaire. Des chanteurs ayant plusieurs décennies de carrière m'ont déjà raconté ce genre de perte de foi et de soi : « Je chante mais ce n'est qu'une copie de moi-même, je n'ai plus de plaisir. Je fais un job, pas de l'art. »

Une chanteuse internationale s'est un jour confiée à moi, un soir de relâche dans un hôtel parisien : « Je n'en peux plus, ma voix devient un job. » Elle était à la limite du burn out. Je me suis permis de dire à son entourage et à son manager : « Elle n'est pas qu'une voix mais également une femme. Elle a le droit d'être fatiguée. » Elle voulait être femme et voix, et non pas une simple voix-objet. Cette réflexion avait résonné comme un coup de tonnerre et l'avait libérée. La voix considérée comme un objet et non comme le reflet de son âme est une perte d'identité. Ce n'est pas un outil, c'est une part de nous-même.

Les professionnels de la voix au sommet de leur art risquent parfois de perdre ce désir. Ils ne peuvent plus se surpasser. Perdre le désir, c'est perdre le plaisir, pour le chanteur ou le comédien. La récompense n'existe donc plus.

On est bien loin de la chanson de Charles Aznavour *Je m'voyais déjà.* « Et mourant de trac devant ce parterre, / Entré sur la scène sous les ovations et les projecteurs (…) / Mais un jour viendra je leur montrerai que j'ai du talent ! ». Ces quelques mots disent le besoin de l'artiste de se mettre en danger et son envie de défi. Réussir malgré la peur, relever les défis et satisfaire le public, voilà sa récompense. Le chanteur autodidacte franco-arménien m'avait dit un jour que « chaque chanson est une nouvelle chanson, avec le même désir, la même verve, même si on la chante des centaines de fois ».

Dans les années 1990, la chercheuse en psychologie sociale Christina Maslach a défini le burn out, ou « syndrome d'épuisement professionnel », par trois critères : l'épuisement émotionnel, la dépersonnalisation et l'absence d'accomplissement personnel. Dans la pratique, les symptômes sont beaucoup plus complexes et plus nombreux. D'où vient ce mal profond et comment la voix le manifeste-t-elle ?

L'origine du burn out est multifactorielle, souvent déconcertante. C'est une intrication des émotions, du stress, du surmenage, d'une remise en question, d'une perte de confiance en soi et, dans sa forme la plus sévère, de dépression.

Sa traduction vocale est à la fois plus complexe et paradoxalement plus simple à expliquer. Un rappel neurophysiologique s'impose. Nous avons vu que, d'un point de vue anatomique, le conduit vocal comprend le larynx, avec les cordes vocales et les fausses cordes vocales, le pharynx et des caisses de résonance. Cet instrument vocal est commandé par notre cerveau, par le biais des neurones, agissant sur les neurorécepteurs, et des hormones. De façon simplifiée, notre système neurologique présente deux parties distinctes et liées. De l'une dépend notre volonté, consciente et décisionnelle, quand l'autre est autonome, indépendante, agit sans notre « autorisation ». Son action est essentielle à notre survie et pour le fonctionnement de nos affects. Notre cerveau décisionnel commande la mécanique du conduit vocal pour parler, chanter ou crier. À l'inverse, le système nerveux autonome, ou végétatif, agit sans commande consciente. Il gère nos réactions de manière presque réflexe, intuitive, émotionnelle. Il agit sur nos organes par le biais du système endocrinien, neuroendocrinien et digestif. Nous ne contrôlons pas son activité. Lorsqu'un choc émotionnel survient, qu'une accumulation de contrariétés lui pèse, la machine peut s'emballer.

Ce système nerveux autonome régule les fonctions vitales via les arcs réflexes, des neurorécepteurs et certaines hormones. Il régule la pression artérielle, le rythme cardiaque, la déglutition, la digestion et l'humidification de notre conduit vocal. Il s'organise en trois « secteurs » différents. Premièrement, le système parasympathique, pour la digestion, le cœur, la déglutition, la sécrétion salivaire. Deuxièmement, le système sympathique, responsable de nos réactions : le rythme cardiaque qui s'accélère sans que l'on puisse le contrôler pendant une réaction affective ou physique, la tension artérielle qui grimpe, la gorge qui devient sèche. Troisièmement, l'intestin, la digestion, le pancréas, la vésicule biliaire, secteur qu'on nomme aussi le « deuxième cerveau ».

Ce système nerveux est intimement lié aux centres de nos émotions. Il joue donc un rôle déterminant dans l'amour, la colère, ou l'admiration. Notre visage, notre regard et notre voix changent. Dans une situation difficile, une dysphonie peut survenir du fait d'une tension musculaire excessive (avec une voix cassée par exemple), de même qu'une accélération du rythme cardiaque ou quelques gouttes de transpiration sur le front.

Une des principales conséquences du burn out est la chute de la dopamine. Découverte en 1957 par Katharine Montagu à Londres, la dopamine est souvent surnommée « hormone du plaisir », alors qu'elle est celle du désir. En effet, elle suscite l'envie de plaisir. Et dans un burn out, il n'y a plus d'envie. La charge en dopamine est également corrélée à la créativité dans toutes ses dimensions et donc également de la voix. Le risque ou plus exactement le plaisir de se mettre en danger est grisant. L'excitation d'une nouvelle aventure est le désir, la récompense est le plaisir. Si un même scenario se répète sans changer, le désir s'éteint, le plaisir demeure mais n'est plus la récompense d'une attente. « Faire son job » de manière prévisible et s'enfermer dans une habitude peut être étouffant car la stimulation disparaît. Le besoin du désir peut devenir de plus en plus fort : c'est le principe de l'addiction. Ici, c'est une addiction du devenir. On ne se contente plus de ce qui est, mais on *désire* chaque jour davantage ce qui pourrait être. Cela conduit à une remise en question personnelle. La voix intérieure entre en conflit avec la voix émise. Elle devient moins ferme, hachée, forte puis faible, aiguë puis grave. La musicalité est imprévisible.

Outre les conséquences psychologiques du burn out, des symptômes parfaitement concrets apparaissent donc. La détresse émotionnelle peut faire s'effondrer les défenses immunitaires ou provoquer une perte de la voix, de la dysphonie psychogène partielle à l'aphonie totale. Les troubles de la voix sont un mécanisme d'adaptation pour faire face à une situation difficile. À l'examen de la gorge, les cordes vocales sont normales. Mais pendant l'émission d'un son, les cordes vocales, qui devraient se coller, ne se touchent pas, comme pour un chuchotement. On observe parfois également une compression latérale des fausses cordes vocales, situées au-dessus des cordes vocales, également appelées bandes ventriculaires. Il y a une importante augmentation de la tension musculaire laryngée et cervicale. Malgré cette volonté de compensation de tous les autres muscles de la gorge, aucun son n'est audible. La voix parlée est davantage affectée par ces tensions musculaires que la voix chantée. En effet, la voix parlée fait partie du monde de la raison et de la décision, alors que la voix chantée est davantage de l'ordre de l'affect, indépendante des pathologies psychologiques et physiques, du bégaiement à la maladie d'Alzheimer.

L'orthophonie est généralement très efficace pour aider les personnes atteintes de troubles psychogènes de la voix à récupérer leur mécanique laryngée. Découvrir les causes émotionnelles sous-jacentes d'un problème de la voix est essentiel. Parfois, la tension musculaire est difficile à résoudre avec la seule thérapie vocale. Des massages du cou et du larynx peuvent alors s'avérer relativement efficaces, de même que l'ostéopathie ou les cours de chant. Dans le burn out, la voix est fréquemment un symptôme de découverte d'un malaise plus global. Les patients choisissent parfois, et non sans risque, l'automédication avec des psychostimulants pour tenter de retrouver le désir, le plaisir de la performance professionnelle. Les doutes arrivent, la confiance s'estompe et on n'existe plus pour soi-même mais pour la représentation de soi par rapport aux autres. Le recours à un psychothérapeute devient à mon avis indispensable.

*

Je pense que le nom le plus adapté pour la dopamine serait l'« hormone de l'anticipation ». Car avoir un désir, c'est déjà se projeter dans le futur. En effet, la séquence désir-plaisir-récompense répond à une demande immédiate : ici et maintenant. La routine tue le glamour. À l'inverse, le désir allume la flamme de la confiance en soi et de l'éloquence. Dans le burn out, il n'y a pas cette projection, on s'enferme dans un présent se nourrissant d'un passé qui détruit. Le conflit vocal en nous-même est une impasse. Notre voix silencieuse est en rupture.

Notre société accorde une importance particulière à l'*ici* et au *maintenant*. Nos téléphones portables se doivent de fonctionner n'importe où, dans la rue, au travail, à son domicile, dans la voiture : pas de répit. La dopamine est la molécule de l'impatience. C'est donc l'énergie d'une relation de courte durée. La testostérone renforce cette demande sur une plus longue période et la sexualité est un des principaux objets de ce plaisir. Ainsi, chez l'homme et chez la femme, si le neurotransmetteur que constitue la dopamine ne joue plus son rôle et si la testostérone chute, le désir s'effondre, le plaisir n'est plus. Le burn out fonctionne de manière assez semblable. La voix change, notre rapport au monde se fragilise.

La peur ou la colère authentiques sont des formes de détresse. Leurs symptômes physiques sont assez désagréables. Les performances en pâtissent et on se sent parfois mal dans sa peau. Il faut, autant que faire se peut, échanger avec l'autre, chercher à se comprendre mutuellement, car l'accumulation de telles situations peut conduire à la perte du plaisir de bien faire ou de créer. Cette détresse à court terme est commune et sans gravité, mais à long terme elle peut conduire au burn out. Il en va de même des situations de stress chroniques, d'une charge de travail trop importante ou de l'incapacité à dire « non ».

Si nous faisons le choix d'ignorer les signes de l'épuisement et du stress, notre corps agit, se *révolte*. Cela se traduit par des symptômes psychosomatiques, c'est-à-dire des troubles physiques ayant une cause psychique. Parmi les manifestations physiques courantes de cette détresse, on compte notamment le reflux gastrique, l'irritabilité du côlon, des douleurs au dos, des gênes respiratoires. Le stress lui-même, par la sécrétion chronique de cortisol et d'adrénaline, peut entraîner une hypertension artérielle avec des troubles du rythme cardiaque. La voix enrouée est la conséquence mécanique de plusieurs facteurs : une remontée d'acide gastrique sur les cordes vocales, le rythme respiratoire, un dos courbé, comme écrasé sous le poids d'une impuissance qui semble insoluble. La prise de médicaments n'est qu'une béquille, souvent nécessaire, jamais suffisante. Il y a conflit entre notre voix et notre voix intérieure.

S'exprimer, c'est aussi se libérer en partie de nos angoisses et de nos détresses. Lorsque notre voix intérieure ne trouve plus le chemin, lorsque notre jugement est altéré, que peut la voix ?

Comme le rappelle le professeur de psychologie américain Wayne Sotile (2022), le burn out repose aussi sur le fait de ne pas pouvoir exprimer notre surmenage, notre angoisse, notre crainte, notre désarroi. La voix est notre moyen de communication privilégié. Elle est notre instrument d'expression, d'expansion de notre monde intérieur vers le monde extérieur. « Tout va bien ? — Oui, oui. » Traiter le burn out suppose de communiquer avec soi-même et avec les autres. Quel que soit le stress, il reste le facteur prédominant : le cortisol et l'adrénaline augmentent.

Huit critères entrent à mon avis en jeu dans notre équilibre et notre réponse au burn out : le stress, l'énergie, le contrôle, la demande, la motivation (ou stimulation), la confiance en soi, l'empathie et la spiritualité. La bonne configuration de ces éléments améliore l'appréciation de soi et la confiance. En revanche, leur mauvaise configuration, associée à des conflits dans la vie personnelle ou professionnelle, peut causer le burn out.

Le stress que notre voix intérieure doit gérer peut être de deux natures. Le stress négatif, qui épuise, et le stress positif, qui dope. Comment savoir si le stress est positif ou négatif ? Notre voix intérieure nous le dit. Nous interprétons tous notre stress différemment. Si nous le ressentons comme positif, il peut être motivant, énergisant et améliorer les performances. Cette réaction à court terme permet de se sentir à la hauteur de la tâche que nous devons assumer. Si les autres éléments renforcent un mauvais stress, la dérive peut être brutale.

L'énergie est indispensable si une sollicitation nouvelle intervient. En a-t-on suffisamment pour l'exécuter ? C'est le second point. Une voiture de course dont le réservoir est vide n'avance pas.

Le contrôle de cette énergie et de notre environnement est nécessaire. Si le moteur s'emballe et que nous ratons un virage, la course est finie. Si, au contraire, il n'est pas suffisamment performant, nous sommes hors jeu. Le dosage est donc indispensable. Le sentiment de n'avoir pas de prise sur son quotidien est également une source de souffrance. C'est la spirale infernale.

La demande est un élément-clé, que ce soit de nous-même ou de l'autre. On se sent utile. On a un devoir à accomplir. Le bénévolat en est un exemple remarquable.

La motivation permet de nous stimuler. C'est là que la dopamine entre en scène. Le plaisir de remplir une mission est la clef de la réussite, et pour soi-même et pour les autres. Le désir est un défi qui mène à un plaisir. L'accomplissement du plaisir est la récompense.

La confiance en soi relie les précédents éléments : le stress devient positif, se transforme en motivation, qui se nourrit de notre énergie, dont le contrôle reste indispensable lorsque la demande est là.

L'empathie est liée à notre sociabilité. Le désir du plaisir pour soi doit aller avec un désir d'apporter du plaisir aux autres, qui nous galvanise en retour.

La spiritualité, critère qui permet le lien entre l'immanence et la transcendance, nous donne un horizon. « Soyez comme l'arbre, changez vos feuilles, mais jamais vos racines. Vous pouvez changer vos opinions, mais jamais vos principes » (Victor Hugo). Modifier notre échelle de valeurs, en modifiant nos désirs, permet parfois de retrouver nos racines. La spiritualité est importante et, me concernant, je la considère comme indispensable. La voix est le lien entre chacun de ces huit critères.

J'aimerais préciser ici que le burn out et la dépression sont des phénomènes différents. Le burn out est un trop-plein d'énergie qu'il faut canaliser. La dépression est un défaut d'énergie, un abandon, un laisser-aller. La voix est éteinte.

La réconciliation avec soi-même passe aussi par l'autre, sa parole et son écoute. La psychanalyse ou le confessionnal en sont les exemples les plus évidents. Notre voix montre ce qui reste dissimulé. Parler sans aucune censure permet de réaliser l'existence d'un monde intérieur souvent inexploré et de retrouver son harmonie et son équilibre.

15.

Voix de la nature

« C'est une triste chose de penser que la nature parle et que le genre humain ne l'écoute pas », écrivait Victor Hugo. Ces mots résonnent encore plus tristement de nos jours. Cette citation en appelle une autre, du même Hugo : « Le poète ne doit avoir qu'un modèle, la nature. »

Il existe un équilibre entre la vie et les quatre éléments qui la forment, selon le médecin et philosophe grec Empédocle (Vᵉ siècle av. J.-C.). Ces éléments – l'eau, l'air, le feu et la terre – sont également à l'origine de notre planète. La science moderne dirait que l'être humain n'existe que par une double hélice moléculaire complexe, l'ADN, molécule de toute vie sur Terre.

L'univers est composé d'atomes et de vibrations, tout comme notre propre organisme. Ces vibrations traversent notre environnement et y prennent part. Mais qui agit sur qui ? La Terre peut-elle nous parler ?

Notre cerveau, siège de notre intelligence réflexive, analyse les voix des autres humains dans un espace et une temporalité donnés. Mais on ne peut ignorer la voix des animaux, les vibrations des plantes et du sol. L'environnement et sa biodiversité ont des choses à nous dire. La planète a existé des milliards d'années sans l'homme et existera des milliards d'années après l'homme. La voix humaine ne s'inscrit qu'au présent. C'est un grain de sable unique et propre à chacun qui s'envole. Pourtant, elle nous donne l'impression d'être éternelle et d'exercer un pouvoir sur le temps qui passe.

*

L'archéologie des voix permet de comprendre comment la pierre nous parle. Il y a quinze à vingt mille ans, en cas de danger ou d'intempérie, les hommes devaient trouver refuge la nuit venant, soumis au cycle de la nature et vulnérables face aux animaux. La forêt ne suffisait pas à les protéger. Ils se retrouvaient donc dans des grottes autour de grands feux. Leurs voix faisaient vibrer leurs palais de pierre. C'est également dans ces grottes qu'ils nous ont laissé l'empreinte de leurs arts, sans doute inspirés par les bêtes qu'ils entendaient dans ce monde sauvage. Il est intéressant de noter que leur imaginaire accordait une place prépondérante à la faune terrestre. Leurs fresques ne représentaient pas le ciel ou les étoiles.

Quel était le rôle de la vibration des voix dans ces cavernes ? Pourquoi les peintures sont-elles presque toujours situées et regroupées dans des lieux précis de la grotte ? De nombreuses études ont été menées sur la propagation du son dans les grottes du Paléolithique, ornées de peintures, de souvenirs, de gravures et d'autres signes. Il existe une corrélation entre la localisation de certaines de ces marques laissées par *Homo sapiens* et l'acoustique de leur environnement. Si on ne possède aucun enregistrement de l'époque préhistorique, les civilisations de chasseurs-cueilleurs sont connues et analysées en ethnomusicologie, discipline qui étudie la civilisation par le prisme des sons et de la musique.

La résonance naturelle du son dans les grottes, fermées ou ouvertes, n'est un secret pour personne. Certaines zones ont des caractéristiques sonores bien spécifiques. L'écho des voix peut être intense ou au contraire presque muet. Des chercheurs se sont spécialisés dans l'étude de cette propriété dans de nombreuses cavernes paléolithiques. Dans ces demeures de pierre, les fresques se trouvent principalement là où la résonance est la plus importante, là où la voix est amplifiée. Cette particularité se retrouve dans des lieux presque fermés et dans des cavernes complètement ouvertes vers l'extérieur. Il existe une relation entre les représentations laissées par nos ancêtres sur la roche et l'écho de leurs voix, selon Iégor Reznikoff (2002). Cette concordance du son et de l'image est de l'ordre de 90 %.

Les emplacements qui résonnent le plus favorisent-ils la créativité ? Dans certains endroits, l'écho est digne d'une cathédrale. Les recherches réalisées reposent sur les méthodes classiques de l'acoustique et la connaissance de l'architecture et des matériaux de la grotte : enceintes acoustiques, étude de la réflexion du son, qualité sonore par rapport à la forme de la cavité, l'alternance le long de la paroi des nœuds et des anti-nœuds avec des fréquences caractéristiques à chaque partie de la grotte, ainsi que la forme, la hauteur et l'ouverture de la grotte. Le détail de ces correspondances stupéfiantes apparaît. La densité des images est proportionnelle à l'intensité et à la richesse de la résonance, surtout des sons graves, dont la propagation est meilleure.

À côté de ces fresques, en avançant au cœur de ces édifices naturels qui furent nos refuges, on découvre également des niches ou alcôves de tailles variables qui sont signalées par des points rouges ou noirs, gravés dans la pierre à des endroits bien précis. Ils indiquent les endroits où la résonance est la plus forte. Mais à quoi servaient ces marqueurs rouges et noirs ? Face à la nuit des grottes, les femmes et les hommes de la préhistoire émettaient des sons pour avancer, écoutaient l'écho de leur propre voix pour se diriger. Les signes rouges et noirs étaient des torches sonores. Ces points « sonores » jalonnaient le trajet dans l'obscurité. Autre exemple de l'importance de la résonance : si l'on émet un « O » d'une voix forte et que le son nous revient rapidement d'en bas, cela signifie qu'il y a un trou dans le sol.

À Rouffignac, en Dordogne, la résonance, à elle seule, nous conduit sans difficulté jusqu'à des emplacements de peintures situés à plusieurs centaines de mètres de l'entrée. Une voix grave sur la lettre « O » permet, grâce à l'écho, d'imiter un rugissement. Les hommes préhistoriques devaient faire de même pour imiter les bêtes : c'est « l'effet bison », selon Iégor Reznikoff.

Les hommes et les femmes se regroupaient dans ces endroits privilégiés, sources de vibrations créatrices et lieux de rencontres et d'échanges. Ces différentes découvertes acoustiques ont permis de mieux comprendre la signification, sans doute rituelle, des peintures rupestres.

La grotte de Niaux, en Ariège, renferme un endroit unique : le salon noir. Les fresques y sont remarquables par leur qualité et leur abondance. Elles se suivent et suivent le son. L'acoustique de cette rotonde de roche est digne d'une chapelle. La concordance entre le son et l'image y est singulière. Lumière et vibrations se mêlent.

Je ne peux m'empêcher de penser que ces endroits privilégiés de l'acoustique de la voix humaine furent également le lieu d'incantations et de prières. Ces vibrations vocales ont dirigé et influencé les choix des hommes du Paléolithique dans la création de ces fresques fascinantes au fond des grottes.

*

Les volcans grondent, l'eau ruisselle, les plantes frémissent, les vagues se rompent sur les rochers, les éclairs déchirent le ciel, le vent siffle dans les feuilles des arbres et sur les dunes, où il laisse son empreinte. Ces vibrations accompagnent notre existence, comme une respiration de la Terre. N'est-ce pas là sa voix ?

Ce que l'on nomme, à la suite de Rabelais, « le propre de l'homme », est l'ensemble des caractéristiques propres à notre espèce et qui nous différencient des autres animaux. L'homme a longtemps pensé qu'il était l'unique détenteur d'un certain nombre de ses caractéristiques, qui le différenciaient des animaux. Mais cet espace a rétréci à mesure que notre connaissance des êtres vivants progressait, et avec lui la division conceptuelle entre l'humanité et l'animalité. Si la voix peut nous sembler appartenir exclusivement au monde des humains, à notre raison et à notre émotion, on peut aussi y voir un mode de communication comme un autre, simplement plus sophistiqué. En fait, tous les niveaux et les types de communication se trouvent dans la nature. Le langage sonore, sensoriel, hormonal ou vibratoire est partout.

Les animaux parlent. Le chien, loup domestiqué, est le compagnon de l'Homme depuis plus de 15 000 ans. Zarathoustra, 650 ans avant notre ère, écrivait déjà que « le monde ne subsiste que par l'intelligence du chien ». Les Égyptiens ont fait bâtir des temples à Seth, leur dieu lévrier. Dans la Bible, le chien de Tobie reconnut son maître après une longue absence (Tobie, 9, 4) et l'Ecclésiaste nous dit que « la supériorité de l'homme sur la bête est nulle » (3, 19). Cela n'est pas sans rappeler Argos, le fidèle chien d'Ulysse, qui trahit l'identité de son maître en le reconnaissant après vingt ans d'absence.

Le dialogue qui s'est installé avec notre plus vieil ami est riche et millénaire. La relation entre un maître et son animal peut être fusionnelle. Le chien sent nos émotions, le non-dit. Cette faculté de ressentir les vibrations indétectables à l'œil humain est utilisée dans certaines thérapies afin de prévenir, par exemple, une crise d'épilepsie ou une hypoglycémie sévère.

Les sens du chien sont incomparablement plus performants que les nôtres. Son écoute, ses aboiements, son regard, son langage corporel nous interpellent. Ils nous influencent aussi, souvent de façon inconsciente. Ils nous signalent le danger et si une personne inconnue est bienveillante ou malveillante. Les chiens guides d'aveugles protègent et conduisent leur maître, qui leur parle. Eux voient et répondent avec des aboiements. Hommes et chiens partagent leurs sens. La notion de maître est-elle encore pertinente dans ce cas ?

La fidélité, la sincérité, l'attachement et l'attention portée à la voix de son maître semblent inébranlables. Dans certaines situations, à écouter le son de la « voix » du chien, on pourrait se demander lequel des deux parle le plus à l'autre.

Le chat est resté à moitié sauvage. On ne parvient pas, ou peu, à le dresser, alors même que nous le fréquentons depuis près de 10 000 ans. L'indépendance de ce félin, domestiqué pour protéger nos denrées, notamment agricoles, a conduit à installer un rapport particulier dans lequel le maître ne l'est pas vraiment. Le chat garde une part d'étrange, de superstition, de fascinant et d'insolite. Dans l'Égypte ancienne, il était vénéré. On lui consacrait des temples et des cultes, tels certains dieux. Les prêtres interprétaient leurs mouvements. À l'inverse, le Moyen Âge l'avait banni. Son regard de félin ne laisse, quoi qu'il en soit, jamais indifférent. Sa silhouette ondulante nous parle. Nous nous y attachons, le caressons, lui parlons aussi. Malgré leur apparence de détachement, certains chats ont un attachement puissant à leur maître. On leur prête même un don de prémonition, une capacité à anticiper l'avenir ou à découvrir la vérité. Certains y voient de la télépathie, comme l'ex-président de l'Académie vétérinaire de France, Philippe de Wailly, dans son livre sur *Le Sixième Sens des animaux* (2001).

On raconte par exemple que les marins anticipaient la météo en observant le comportement des chats. Minou lèche sa fourrure à rebrousse-poil ? C'est l'assurance d'une averse de grêle. S'il éternue, c'est qu'il faut éviter de sortir en mer.

Ces superstitions appartiennent au passé. Mais elles montrent bien le rapport ambigu que nous avons entretenu avec les félins. Ces derniers ont d'ailleurs supplanté les chiens dans le cœur des Français : il y a aujourd'hui 15 millions de chats domestiques environ dans l'Hexagone, contre 7 à 8 millions de chiens.

Certains oiseaux nous enchantent en quelques notes. Ce chant permet aux oreilles entraînées de reconnaître les espèces auxquelles elles ont affaire. Mais au sein d'une même espèce, le rythme, les notes et les phrases peuvent varier en fonction des groupes et des pays. Cela n'est pas si éloigné de la diversité de nos langues humaines.

Certaines espèces peuvent apprendre à copier notre langage, voire notre voix, comme le perroquet, la perruche, le mainate, le callopsitte ou le Grand Éclectus. Le perroquet gris d'Afrique est le plus performant dans cet art de l'imitation et de loin le plus populaire. Il peut mémoriser quelques milliers de mots, reproduire notre timbre de voix et vivre jusqu'à cinquante ans. En matière de longévité, il est battu par son cousin d'Amazonie, qui peut vivre jusqu'à cent ans. Comme oiseaux de compagnie, ils peuvent donc accompagner leur maître pendant toute une vie.

Dans les années 1990, le professeur de Wailly et moi-même avions étudié les spécificités anatomiques permettant au perroquet d'Amazonie d'imiter la voix humaine, en recourant à la vidéofibroscopie. La première tentative avait été burlesque. Le perroquet avait volé dans tout le cabinet, m'avait blessé le doigt et avait sectionné le fibroscope. La seconde tentative fut heureusement plus réussie.

La technique vocale des perroquets est en fait assez semblable à celle du ventriloque. Ils ne peuvent pas prononcer les lettres B, F, M ou P, car leur bec ne se ferme pas. Ils possèdent un syrinx, organe propre aux oiseaux permettant la vocalisation, situé à la séparation de la trachée en deux bronches. Leur caisse de résonance part de la trachée et se prolonge jusqu'à leur langue, très puissante, qui leur permet de former des voyelles. Le résultat est stupéfiant, l'imitation de nos mots très réussie. Exceptionnellement, ils peuvent même dire des phrases – mais il semble qu'il leur est plus difficile de créer eux-mêmes des associations de mots. Leur intelligence est, dit-on, semblable à celle d'un enfant de trois ans.

Dans le règne animal, des langages incroyablement différents cohabitent, du chien qui aboie au chat qui miaule, en passant par la hyène qui rit, les abeilles qui dansent, le criquet qui remplit le Sud de ses stridulations, les dauphins et les cétacés qui sifflent avec une sophistication étonnante. Que cachent ces sonorités ? Les animaux non domestiqués communiquent, expriment leurs émotions, choisissent leur partenaire, marquent leur territoire. Nous ne sommes qu'aux prémices des recherches dans ce domaine passionnant des « voix » qui peuplent la nature.

*

La carotte crie-t-elle lorsqu'on lui sort la tête de la terre ? Itzhak Khait, chercheur à l'Université de Tel-Aviv, a observé le langage des plantes grâce à la réverbération d'un rayon laser sur un petit réflecteur posé sur la feuille d'un cousin de la moutarde. Ils ont notamment enregistré le mouvement de la feuille alors que la plante se faisait grignoter par une chenille. Des vibrations spécifiques « d'agression par grignotage » ont été identifiées et les plantes qui avaient déjà subi cette agression produisaient une sécrétion particulière qui éloignait les chenilles. Forte de cette expérience, l'équipe de chercheurs s'intéresse depuis le début des années 2000 aux émissions sonores des plantes. Ils ont mis en évidence un véritable langage de défense et de communication. La germination, la croissance, la résistance et la survie des végétaux sont influencées par certaines fréquences acoustiques, leur puissance et la durée d'exposition à ces vibrations. Les plantes parlent et écoutent ! Des expériences ont montré que le fait de parler à des plantes avec douceur et positivité leur permettait de vivre plus longtemps. Les plantes se détectent entre elles par un échange de substances et par un jeu de photorécepteurs (capteurs de luminosité). Pour les arbres, cette « voix » part des racines. Lorsque la sève monte dans le tronc, des bulles de cavitations véhiculent des bruits particuliers (Hassanien, Hou, Li et Li, 2014).

Il a été également démontré que les racines des arbres et de certaines plantes diffusent des fréquences sonores spécifiques et y répondent lorsqu'elles reçoivent ces fréquences précises. Ces vibrations sont composées d'ultrasons allant de 20 à 100 kHz et sont détectables jusqu'à plusieurs mètres de distance, selon Itzhak Khait.

Les plantes sont également dotées d'une sorte de sens du toucher, et savent notamment prendre en compte le vent. L'arbre adapte sa croissance par rapport à ces facteurs extérieurs que sont la luminosité, la pollution ou le sens du vent. On pourrait presque dire qu'ils réagissent au « stress », c'est-à-dire qu'ils développent un ensemble de réactions physiques et physiologiques pour faire face à une situation d'agression sonore ou atmosphérique. Ce langage spécifique à chaque plante et à chaque situation a été enregistré. Lorsqu'elles sont stressées, les plantes émettent non seulement des bruits, mais ces derniers peuvent être interprétés par les autres plantes, comme un code. Sur une courte durée, il n'y a pas ou peu de conséquences. Mais l'exposition chronique à ce code peut conduire à une modification épigénétique, c'est-à-dire à une évolution du génome transmissible aux générations suivantes et d'origine environnementale.

*

La musique et ses vibrations pures nous influencent et influencent la nature. En 1992, les travaux du chercheur indépendant Joël Sternheimer s'intéressent à l'effet de la musique sur des pousses de tomates. Ses conclusions, parfois remises en question par la communauté scientifique, évoquent une régulation épigénétique sur la synthèse des protéines. Il parle de « protéodie », mélodie spécifique qui « stimule ou inhibe la synthèse d'une protéine au sein d'un organisme ». Autrement dit, la musique aurait le pouvoir de modifier la structure organique des plantes. Le temps d'exposition aurait son importance. Idéalement, cinq minutes par jour. Plus le volume sonore est fort, plus la protéodie est efficace. Le tempo adéquat se situerait autour de 120 battements par minute.

Dans la Bible, la harpe du berger David calmait les crises d'angoisse du roi Saül (1 Samuel, 16, 23). Le peintre Antoine-Jean Gros l'a représenté en 1822 dans une toile au jeu de contrastes saisissant. Chez l'homme, la musique permet de faire baisser le niveau des hormones du stress (comme le cortisol et l'adrénaline) et de diminuer la tension artérielle. La respiration devient plus profonde et régulière. Même le fœtus se sent apaisé par les chants de sa mère.

Aristote définissait l'homme comme le seul « animal doué de langage ». Mais de quel langage parlait-il ? Nos voix cohabitent avec celles de la nature. L'équilibre des vibrations du monde du vivant et de ses mélodies est un langage universel.

Le fonctionnement de la lumière, et avec elle de l'univers, a longtemps fait l'objet d'une controverse entre la théorie corpusculaire (la lumière comme ensemble de particules) et ondulatoire (la lumière comme vibration). La physique quantique a permis de montrer que les deux théories étaient complémentaires : la lumière est un ensemble de particules (les photons) se comportant comme une onde. À mon avis, l'espèce humaine obéit également à cette dualité onde-particule. Nous sommes composés d'atomes qui forment la matière visible de notre corps. Mais nous sommes également une voix, une onde qui traverse la nature et le cosmos.

La Terre est un équilibre du vivant. Aujourd'hui, cet équilibre est fragilisé, agressé, menacé. La Terre appelle à l'aide, par ses multiples voix, et l'espèce humaine doit tendre l'oreille pour entendre l'appel des animaux, des plantes et de la matière. Notre environnement ne gouverne pas seulement notre existence, il est la condition de sa survie.

16.

Au-delà de nos voix

Des deux cellules, qui se rencontrent pour former ce que nous sommes, jusqu'à nos disparus, la voix est le voyage d'une vie. Elle nous suit comme un ami complice, nous guide comme une boussole. Surtout, elle croise d'autres voix qui nous inspirent et nous affectent. Car la flèche du temps a souvent une trajectoire imprévisible.

Notre voix se métamorphose entre sept jours et dix-sept ans. Après quoi, elle évolue en s'habillant de l'expérience, en se nourrissant de nos pensées, en tissant le long fil de nos souvenirs tel celui d'Ariane dans le labyrinthe de notre mémoire.

Les voix nous gouvernent par la raison et par l'émotion. C'est peut-être ainsi que l'on pourrait résumer toutes les réflexions qui précèdent. Grâce aux mots, aux silences et aux rythmes, la voix donne du sens et dit le monde. Elle permet de naviguer dans un océan affectif. Tel un navire à la frontière de deux éléments, l'eau et l'air, elle flotte sur le réel et est propulsée par le vent de l'imaginaire. Elle garde son indépendance, sa capacité à décider, à *gouverner*. Notre voix intérieure est le refuge de notre intime conviction, ultime repère qui nous protège et nous extirpe d'une foule qui anesthésie notre conscience individuelle. Elle nous galvanise aussi dans des situations difficiles, fait vivre nos valeurs.

Notre voix est un trésor dont nous oublions parfois l'inestimable valeur tant nous nous sommes habitués à elle. Pas une semaine, pas un jour, pas une heure ne se passe sans que nous l'utilisions, dans nos conversations, dans nos rêves, dans nos décisions. Elle semble évidente, jusqu'au jour où elle s'absente et nous manque, nous plaçant dans un état d'isolement forcé. Nous ne sommes plus que l'ombre de nous-même. Quel soulagement lorsque cette obscurité sonore prend fin et que la lumière de la voix réapparaît.

La voix humaine a transformé la planète en un village universel. Les différentes langues de Babel sont simplement des variations de couleurs. Mais il faut aussi savoir écouter la nature.

C'est le cerveau, en chef d'orchestre, qui réalise l'harmonie des vibrations entre le monde extérieur et le monde intérieur. Source de créativité, la voix humaine fait intervenir une activité motrice et intellectuelle exceptionnelle. Ses secrets et ses mystères sont encore loin d'être élucidés. L'activité neuronale de la commande anatomique et biomécanique est bien connue. En ce qui concerne notre pensée, notre voix intérieure, c'est une impressionnante formation de nébuleuses neuronales qui entre en jeu. Elles sont spécifiques à chaque type d'émission vocale. L'IRM fonctionnelle permet de visualiser ces milliards de connexions synaptiques qui s'enchevêtrent et la communication qui s'installe par le biais de neurorécepteurs. Cette galaxie cérébrale, où la voix est à la fois innée et acquise, est une voie de recherche passionnante. Cependant, l'exploration et la compréhension de la voix humaine ont progressé de façon fulgurante en quelques décennies.

La voix est une flèche. Sa cible est nous-même ou l'autre. On sait reconnaître l'onde lumineuse d'une étoile morte il y a des millions d'années et raconter l'histoire des galaxies. Mais comment écouter les ondes sonores du passé ? Les murs des cavernes et, plus récemment, les enregistrements ont imprimé des vibrations vocales. Mais ce sont de toutes petites pièces d'un immense puzzle. Le reconstituer relève sans doute de la fiction. Mais qui sait ?

La voix est un outil de communication. Elle fait de nous à la fois des émetteurs et des récepteurs. Par la stimulation des neurones miroirs, nous mimons les paroles de l'autre au niveau de notre cerveau. Notre voix se nourrit de notre entourage, des vibrations du monde autour. Nous disons souvent des choses comme : « Tu vois ce que *je veux dire* ? » Ou bien : « Ce que *je veux dire*, c'est… » Car dire, c'est aussi vouloir. Schématiquement, nous pourrions dire que notre voix a cinq intentions : affirmer, créer un climat de confiance, partager une information, persuader et émouvoir. Ces schémas s'appliquent à l'autre mais également à nous-même, par notre voix intérieure.

On aurait tort de minimiser l'importance de la voix des médias. Le 30 octobre 1938, la veille d'Halloween, une voix fend les ondes radiophoniques et panique l'Amérique. C'est celle de l'acteur, auteur et réalisateur Orson Welles, dans son émission « The Mercury Theatre on the Air ». Le générique diffusé est celui habituellement réservé aux rubriques d'informations, mais c'est Welles qui prend la parole. Le soi-disant bulletin d'informations annonce qu'« une attaque extraterrestre est en cours ». Le timbre et la musicalité de la voix et les mots employés ont tout de la neutralité journalistique, de la nouvelle véridique et indéniable. L'événement semble réel, alors qu'il s'agit simplement d'une lecture de *La Guerre des mondes*, de son presque homonyme H.G. Wells.

L'excellent esprit théâtral d'Orson Welles, qui fut également metteur en scène, parvient à faire croire à des centaines de milliers d'auditeurs que le pays est attaqué par un peuple venu de Mars. Le danger semble imminent, la suite inévitable. Il décrit le chaos dans New York et l'attaque des envahisseurs : « Une forme voûtée s'extrait de la fosse. Je parviens à distinguer un faible rayon de lumière sur un miroir. Qu'est-ce que c'est ?... Ils sont frappés de plein fouet ! Oh mon Dieu ! » Pour orchestrer cette frayeur collective, Welles crée une mise en scène remarquable avec son équipe dans le studio de la CBS. Des comédiens jouent le rôle d'experts, on interroge un (faux) correspondant à Chicago, on multiplie les bruitages. Tout laisse penser qu'il s'agit d'un flash d'information en direct.

Le discours prend sa force dans la présentation des événements à la première personne. Le *je* s'impose et persuade l'audience. L'auditeur semble vivre les événements en direct. Lorsque Orson Welles débute son émission, il précise pourtant qu'il s'agit d'une adaptation d'une fiction littéraire. Mais cela ne sert à rien, car on entend ce que l'on veut entendre. La voix a plus d'impact que les mots. Elle s'adresse au collectif, l'individu se sent concerné en tant que membre du groupe. Les réactions sont donc primaires et irrationnelles. Alors que chacun est chez soi, cela fonctionne comme une seule grande foule, anesthésiant la conscience individuelle. Le contexte des tensions internationales a certainement joué un rôle important dans l'attitude des auditeurs. Mais la voix charismatique d'Orson Welles y est également pour beaucoup.

Une version française du canular, inspirée par l'émission sur *La Guerre des mondes*, a été diffusée par la Radio Diffusion Française – ancêtre de l'ORTF créée par le général de Gaulle en 1964 – le 4 février 1946. Dans « Plateforme 70 ou l'âge atomique », le journaliste de 36 ans Jean Nocher, ancien Résistant, joue également sur l'angoisse collective. Ce ne sont cependant plus des Martiens mais l'apocalypse atomique qui terrorise les ondes. Hiroshima et Nagasaki n'ont pas encore six mois et l'inimaginable effet dévastateur de la bombe nucléaire reste dans tous les esprits. Nocher souhaite diffuser une série de dix émissions de fiction sur les dangers du nucléaire. Plusieurs jours avant le premier épisode, on précise sans équivoque qu'il s'agit d'une pure fiction. Mais on oublie de le faire le jour de la diffusion. L'émission commence par les mots du « Professeur Helium », de l'« Institut mondial des recherches atomiques », annonçant que des scientifiques travaillant à la désintégration de l'atome en auraient perdu le contrôle, entraînant des catastrophes en chaîne. « Je vous conjure donc de ne vous laisser en aucun cas entraîner à la panique, même si vous étiez soudain les témoins d'événements insolites ou extraordinaires tels que : lueurs soudaines dans le ciel, craquements, vibrations du sol (...), pannes de lumière (...), tremblement (...), perte momentanée du sens de l'équilibre. » Comme Welles, il parle à la première personne, recueille de faux témoignages et décrit des situations de panique, comme un tremblement de terre porte de la Chapelle à Paris. Le lendemain, dans l'Ohio, le journal *Toledo Blade* titre « Panique à Paris : la radio avait fait état d'une fausse désintégration atomique du monde ». Devant l'émoi suscité et malgré les précautions qu'il avait prises pour rendre son histoire invraisemblable, Jean Nocher est suspendu pendant trois mois. Sa série sera finalement diffusée en mai 1946, mais remaniée et tronquée.

Parmi les voix radiophoniques ayant profondément marqué leurs auditeurs, on ne peut omettre de mentionner celle de l'abbé Pierre, une nuit d'hiver 1954. Le message fut bref, empathique et directif : « Mes amis, au secours. Une femme vient de mourir gelée cette nuit à trois heures, sur le trottoir du boulevard de Sébastopol, serrant sur elle le papier par lequel avant-hier on l'avait expulsée. Chaque nuit, ils sont plus de 2 000 recroquevillés sous le gel, sans toit, sans pain, plus d'un presque nu. (...) Devant leurs frères mourant de misère, une seule opinion doit exister entre hommes : la volonté de rendre impossible que cela dure. » À la suite de cet appel, le Parlement adopte à l'unanimité des crédits pour réaliser immédiatement 12 000 logements d'urgence à travers toute la France. Par ce message, il illustre le combat de sa vie, la fraternité. La voix sert de pont entre les hommes.

Les voix radiophoniques nous fournissent un témoignage du monde depuis près d'un siècle. Elles s'adressent au collectif, laissent apparaître des modes vocales (comme les voix nasales de l'ORTF). Elles peuvent donner à réfléchir sur l'époque mais ne s'adressent pas à nous directement. Elles restent dans l'Histoire et peinent à franchir les portes de l'intime. Il arrive cependant qu'en écoutant la radio (ou un podcast !), nous créions une relation singulière avec l'une des voix derrière le micro, sans avoir jamais rencontré la personne. C'est la magie de la voix. N'avez-vous jamais été surpris, voire choqué, en découvrant le visage d'une personne dont vous connaissiez parfaitement la voix ?

La voix est un marqueur de certaines pathologies et deviendra un moyen de dépister et d'évaluer des maladies respiratoires comme l'asthme ou la bronchite chronique, des neuropathies telles que la maladie de Parkinson, la maladie de Charcot, l'Alzheimer et des troubles psychiatriques comme la dépression, le burn out et la dystonie. En effet, la santé influence de multiples paramètres qui participent à nos vibrations : les poumons, le rythme cardiaque, le cerveau, les muscles, les cordes vocales ou bien l'œsophage. Dans le sillage des travaux de nombreux chercheurs, dont Yael Bensoussan, l'intelligence artificielle et différents algorithmes pourraient analyser notre empreinte vocale comme une IRM le fait pour notre corps.

*

La voix dialogue avec l'écrit pour former le bain culturel et religieux qui nous accompagne pendant toute notre vie. Si l'écrivain et le lecteur sont « deux solitudes qui se rencontrent », selon l'écrivain Charles Dantzig, deux voix qui se rencontrent créent une multitude d'autres personnages.

Si l'homme sait comment parler ou de quoi parler, il « ignore totalement la manière dont l'organisme se dicte à lui-même ses instructions pour construire le langage », nous dit François Jacob (*Le Jeu des possibles*, 1981). Autrement dit, nous ne sommes jamais vraiment conscients de *comment* notre langage se forme et *pourquoi* nous disons certaines choses plutôt que d'autres. La voix est un fleuve dont on ignore la source et dont le courant porte notre pensée. Comme la rivière en crue, la voix peut sortir de son lit pour découvrir à notre insu des paysages inconnus, comme dans l'hypnose ou les rêves.

La voix n'est jamais captive. Sa liberté souffle dans les voiles de notre vie et sa créativité est permanente. Ma propre voix me parle, murmure ou hurle, me conseille, me stimule. Elle porte en elle les cicatrices de mon existence, de mes rencontres, de l'affection et de la colère, des joies et des douleurs. La voix de l'autre peut me glacer, me réchauffer, m'attrister, m'intéresser, susciter ma curiosité ou m'influencer. Son pouvoir est souvent sous-estimé.

La théorie est emprisonnée par les mots écrits dans les livres. Ceux qui les lisent les libèrent, tel Flaubert en son « gueuloir ». « Les phrases mal écrites ne résistent pas à l'épreuve de la lecture à voix haute », écrit-il à Madame Brenne dans une lettre, le 8 juillet 1876.

Les mots sont les notes de musique, le texte est la partition. La musique a besoin d'être jouée et les mots d'être dits. La voix leur donne le relief, la tonalité du texte : s'il est lu en mineur ou en majeur, avec vigueur ou avec douceur, avec un ton angoissant ou rassurant, le même texte peut produire des effets radicalement différents. À cela, il faut ajouter la manière dont l'auditeur l'analyse. La même information reçue par dix personnes différentes peut donner lieu à dix interprétations différentes. En effet, la voix n'est jamais vraiment une donnée objective, ni à dire (même lorsqu'on la veut neutre, elle ne l'est pas vraiment), ni à écouter (ne dit-on pas que l'on entend ce qu'on veut entendre ?). L'oreille n'a pas de paupières. Si elle ne capte pas ma voix ou celle de mon interlocuteur, elle s'égare. L'environnement lui parle, que ce soit la nature autour, un chien qui aboie, des passants qui discutent entre eux ou les notes d'une sonate de Beethoven qui résonnent. Notre oreille est l'antichambre de nos émotions. Qui sait attirer son attention nous convainc déjà à moitié.

*

L'air qui prend sa source dans notre larynx et fait jouer notre instrument à cordes et à vent se métamorphose en vibration imperceptible. Cette œuvre créatrice qu'est notre voix n'existe que dans le présent et se disperse dans l'espace-temps. Une fois dite, seul le mot subsiste. Il est sa trace.

Le mot qui reste et qui passe trouve sa forme la plus pernicieuse dans la rumeur. Victor Hugo y a consacré un poème (« Le Mot », *Toute la lyre*, 1888) :

Braves gens, prenez garde aux choses que vous dites !
Tout peut sortir d'un mot qu'en passant vous perdîtes ;
Tout, la haine et le deuil !
Et ne m'objectez pas
Que vos amis sont sûrs
Et que vous parlez bas...
Écoutez bien ceci :

Tête-à-tête, en pantoufle,
Portes closes, chez vous, sans un témoin qui souffle,
Vous dites à l'oreille du plus mystérieux
De vos amis de cœur ou si vous aimez mieux,
Vous murmurez tout seul, croyant presque vous taire,
Dans le fond d'une cave à trente pieds sous terre,
Un mot désagréable à quelque individu.
Ce mot – que vous croyez que l'on n'a pas entendu,

Que vous disiez si bas dans un lieu sourd et sombre –
Court à peine lâché, part, bondit, sort de l'ombre ;
Tenez, il est dehors ! Il connaît son chemin ;
Il marche, il a deux pieds, un bâton à la main,
De bons souliers ferrés, un passeport en règle ;
Au besoin, il prendrait des ailes, comme l'aigle !
Il vous échappe, il fuit, rien ne l'arrêtera ;
Il suit le quai, franchit la place, et cætera
Passe l'eau sans bateau dans la saison des crues,
Et va, tout à travers un dédale de rues,
Droit chez le citoyen dont vous avez parlé.
Il sait le numéro, l'étage ; il a la clé,
Il monte l'escalier, ouvre la porte, passe, entre, arrive
Et railleur, regardant l'homme en face dit :
« Me voilà ! Je sors de la bouche d'un tel. »

Et c'est fait.
Vous avez un ennemi mortel.

Les humains, par leur voix, ont pu créer une harmonie entre raison et spiritualité, entre pensée et créativité. Par ses vibrations, elle permet d'apprécier la beauté du monde qui nous entoure et de transmettre depuis des milliers d'années cette richesse de la culture et de la connaissance. Ce qui importe, ce n'est pas ce que la voix fait de l'homme, mais ce que l'homme fait de sa voix.

Nous sommes huit milliards d'êtres humains et autant de vibrations différentes, d'empreintes, telles

les gouttes d'eau d'un vaste océan. Notre voix nous révèle, prend des rides, fait partie de notre personnalité, dévoile notre sexualité. Mais en amour, en politique, en amitié, au travail, ce que nous disons reste finalement moins important que ce que l'autre comprend. C'est quelque chose que j'ai mieux cerné en écrivant ce livre : les voix ne gouvernent pas toujours comme on l'imagine. L'oreille a son autonomie et la maîtriser est un art subtil. Les professionnels de la voix, qu'ils soient artistes, enseignants, avocats, politiques ou négociateurs, savent en tirer profit. Ils s'accomplissent par leur voix et grâce à elle.

*

Les cordes vocales n'ont plus le monopole de la voix.

Stephen Hawking (1942-2018), atteint de la maladie de Charcot dès l'âge de vingt et un ans, a dû subir une trachéotomie en 1985 qui lui a retiré l'usage de la parole. Parler grâce à son larynx ne lui était plus possible. Cette icône scientifique planétaire, connue pour sa théorie des univers multiples et ses recherches sur les trous noirs, a pu continuer à communiquer grâce à un synthétiseur vocal. Les progrès des synthétiseurs lui auraient permis de choisir une voix « humaine ». Mais il préféra garder ce timbre métallique, artificiel, monocorde, presque spatial, qui était sa signature.

En 2022, une femme-robot pilotée par une intelligence artificielle a été nommée PDG d'une entreprise chinoise du jeu vidéo de plusieurs milliers de salariés (Fujian NetDragon Websoft). Cette humanoïde, répondant au nom de Tang Yu, sait parler et dirige sa société 24 heures sur 24. La dirigeante virtuelle apparaît sur les écrans d'ordinateurs sous la forme d'un visage féminin, avec le *dress code* qui convient : une veste de costume et une coupe au carré. Bien évidemment, des ingénieurs ont programmé cette androïde et pourraient à tout moment la débrancher ou la reprogrammer. Mais une fois le programme lancé, cette PDG est autonome. Elle signe des documents et gère des projets. Elle évalue le personnel et rationnalise le fonctionnement de l'entreprise, sans que l'affect entre en compte.

Mais ces machines ne sont pas vraiment le futur. Si les androïdes pouvaient avoir un souhait, ne serait-ce pas justement d'être humains ? D'avoir des émotions, de sentir, d'avoir peur, d'espérer, de se poser des questions, d'aimer, de douter ?

Si, théoriquement, ce genre de machines pourraient être immortelles, elles ne savent rien des sentiments moraux ni de la beauté des œuvres d'art. Elles ne peuvent pas le comprendre car elles ne connaissent pas plus la vie qu'elles ne connaissent le regret d'avoir perdu un être cher (sauf peut-être dans *Star Wars*, où les deux compères droïdes R2-D2 et C-3PO sont tristes l'un sans l'autre).

L'homme croit en un Dieu ou en plusieurs. Ou bien croit en la science. Ou, comme moi, aux deux à la fois. Si on prenait la Genèse à la lettre, la création de la Terre remonterait à 6 000 ans et Dieu aurait créé toute forme de vie en six jours. La science a décrit la théorie de l'évolution et l'a mise en évidence par les fossiles ou les recherches sur le cosmos. La Terre existe en fait depuis plus de 4 milliards d'années. Toute substance que l'on décompose présente une partie dite « inerte », avec des atomes, et de l'ADN, molécule de vie. Comment comprendre pourtant que cet amas infini d'atomes que nous sommes donne le souffle, l'imagination, l'amour ?

La voix est le moteur de l'évolution de notre espèce. Elle est unique dans l'ensemble du vivant. Elle a permis d'imaginer ou de raconter notre passé. Elle a façonné les briques qui ont construit le vaste édifice de notre civilisation et de notre culture. Avant même que l'écriture n'existe, elle a participé à notre apprentissage. Aujourd'hui, elle nous permet de communiquer presque universellement, de guérir les fractures de Babel. La voix permet à la fois de prier et d'expliquer le monde. En cela, elle fait le lien entre la science et la foi, s'incarne dans la contradiction entre la raison et l'émotion. Elle fait vivre le feu de la transmission. Elle évoque nos disparus.

17.

La voix des disparus

Une voix arrive, l'autre part. Mais celle qui meurt continue de nous accompagner longtemps. La voix humaine, pulsation de l'âme, laisse dans notre mémoire l'empreinte d'un souffle qui demeure. Une personne ne disparaît vraiment que lorsque sa voix est oubliée. La voix des absents brille par sa présence. Elle est une vibration de vie qui respire, qui ressent, qui rit ou qui pleure, qui compatit ou qui se lamente. La force de la voix porte au-delà du temps.

Un être disparaît, sa voix reste. La temporalité est anéantie. Le corps, le palpable, l'évidence matérielle, ne sont plus. Mais l'impalpable, la voix, reste en nous. Est-ce un simple souvenir abstrait ? Je ne le pense pas. Certes, on ne peut plus parler de « vive voix » avec l'autre. Mais l'enregistrement d'une voix nous semblera toujours plus concret qu'une photographie. Quelques phrases suffisent à nous transporter. Lorsque l'on regarde le cliché d'une personne chère, les yeux ne portent que dans une direction. Si la photo nous attriste, le son de cette voix enregistrée nous bouleverse. Elle est en lien direct avec nos émotions.

La voix traverse le temps et l'espace. Elle peut nous surprendre, d'où qu'elle vienne. Sa temporalité est double : dans le corps qui la crée et dans la vibration reçue. Deux présents se rencontrent, se confondent, se heurtent : celui de l'enregistrement et celui dans lequel nous sommes. La voix fait revivre le passé dans le présent. Elle nous transporte à l'époque où elle a été faite prisonnière sur une bande magnétique, une caméra ou un smartphone.

Avant son décès, ma grand-mère était venue passer quelques mois chez nous. Mon père en avait profité pour enregistrer sa voix sur un magnétophone à larges bandes magnétiques. Elle avait quatre-vingt-un ans. Il voulait « garder sa voix » m'avait-il dit. Il lui avait fait parler de choses et d'autres, d'anecdotes, de souvenirs et de contes de son enfance. Après sa mort, nous avions pris l'habitude de l'écouter régulièrement, le dimanche après-midi. Sa voix était chaude et calme, sereine et sage. Mon père adorait ces moments. Tout s'arrêtait et la voix de ma grand-mère pénétrait le salon, nous transportait. Parfois, les yeux de mon père laissaient apparaître quelques larmes alors que, quand il regardait des photos d'elle, il était triste mais parvenait plus aisément à contenir son émotion.

Dans ces voix du souvenir, des anciens, de ceux qui nous ont élevés et ont forgé notre futur, le timbre importe plus que le message lui-même. C'est la voix, et non les mots, qui nous ramène dans ce passé qui ne passe pas. Ces après-midi-là, nous nous sentions bien. Un vent de transmission soufflait en nous.

N'oubliez pas d'enregistrer vos anciens, vos proches, car l'émotion de l'écoute est indéfinissable. L'enveloppe, le corps de nos êtres chers, disparaît irréversiblement. Mais la voix, si elle a été enregistrée, demeure. Ses vibrations font vivre notre imaginaire et nous rappellent les conversations vécues. On entend ce qui n'a peut-être pas été entendu sur le moment. On devine les murmures des autres en arrière-plan, on perçoit leurs rires. Même les contradictions deviennent un souvenir agréable. On écoute dans un grand silence, qui augmente encore la charge émotionnelle, les conseils de ces voix d'hier.

J'ai toujours beaucoup de mal à supprimer le numéro de téléphone d'un proche décédé. Parfois, j'appelle son portable juste pour entendre son répondeur.

Il arrive que ce soit par la voix d'un autre que nous apprenions la perte d'un être cher. Et même si la personne n'est plus depuis plusieurs semaines, c'est le jour où cette voix nous a informé que l'autre disparaît pour nous. La tristesse s'impose par la voix du messager qui annonce le départ.

La voix des disparus est bien plus qu'un souvenir. Aujourd'hui, avec la multiplication des enregistrements vidéo, nous pouvons associer l'image et le son, l'apparence physique et les vibrations vocales. Pourtant, écoutez attentivement et seulement la voix. L'impact dans vos souvenirs et dans votre imaginaire sera beaucoup plus émouvant.

L'écho des silences du passé est peut-être plus puissant encore que celui des voix. Ses ciseaux à la main, Abraham Bomba nous parle des camps d'extermination, laissant des abîmes entre ses mots. Trente-cinq ans plus tard, il est toujours coiffeur dans son salon. Il est là, toujours vivant, et se sent presque coupable de l'être. Il raconte, avec sa voix si particulière, l'intérieur des chambres à gaz. Il s'arrête. Seul le bruit des ciseaux continue de résonner. Pendant 1080 secondes, c'est le silence qui nous parle, plus poignant encore que les mots et le visage de la souffrance. Ce juif de Treblinka devait couper les cheveux de milliers de femmes déportées avant leur destination finale. Comment raconter l'innommable ? « Il fallait qu'elles croient à une coupe normale… Il y avait à côté de moi un autre coiffeur de notre ville… Lorsque sa femme et sa sœur sont entrées dans la chambre à gaz… » Ses silences hurlent. Ils traversent l'écran.

Vous aurez peut-être reconnu le film *Shoah,* de Claude Lanzmann. Comme le décrit remarquablement la professeure Anny Dayan Rosenman, les silences créent ici une brèche dans le temps. Les récits poignants, les chants, les plaintes, les témoignages nous interpellent. Comme elle le décrit, les vibrations s'engouffrent en nous, créant une autre temporalité, un espace intérieur vide. Elles nous pénètrent et imposent au monde cette réalité invraisemblable. Ces voix trouvent leur place en nous. Claude Lanzmann n'ayant eu recours, à dessein, à aucune image d'archive visuelle ou sonore, décuple ainsi la puissance de son message par l'écho de la voix des morts et des victimes. Ce sont les vivants qui portent les voix des disparus.

Finalement, que l'être cher soit vivant ou disparu, sa voix nous parle toujours au présent. Chaque voix est unique. Elle est l'empreinte de notre vie passée, la force de notre vie présente, l'espérance de notre vie future. Elle est la transmission.

REMERCIEMENTS

Je remercie Thomas-Louis Novillo pour ses remarques et son approche pertinente et inspirante dans la synthèse de cet ouvrage.

Le seul fait que ce livre existe est une façon de remercier tous ceux qui m'ont accompagné, inspiré, aidé et encouragé dans cette réflexion. Au détour des pages, ils se reconnaîtront.

Ma famille, mes frères et sœurs d'amitié, toujours complices, toujours disponibles, qu'ils soient là ou disparus, ont tous été indispensables dans ce parcours de vie et de transmission.

J'ai appris au fil des années que la voix était le chemin le plus sincère de nos émotions. Le temps et l'espace en gardent la trace.

TABLE

Cet ouvrage a été achevé d'imprimer par
CPI Brodard et Taupin à la Flèche
pour le compte des éditions Grasset
en avril 2023.

Composition et mise en pages
Nord Compo à Villeneuve-d'Ascq

N° d'édition : 22812 – N° d'impression : 3052522
Dépôt légal : mai 2023
Imprimé en France